SCIENCE – HISTOIRE – PHILOSOPHIE

*Publication de l'Institut Interdisciplinaire
d'Etudes Epistémologiques*

Alexis JORDAN

(1814 - 1897)

du jardin de Villeurbanne aux Caves du Vatican

par Laurence VÈZE

Collection dirigée par
Michel DELSOL, Directeur honoraire à l'Ecole Pratique des Hautes Etudes,
Professeur émérite à la Faculté catholique des Sciences de Lyon
Régis LADOUS, Professeur à l'Université Jean Moulin - LYON III
Chargé de cours à la Faculté catholique des Sciences de Lyon
Roger PAYOT, Professeur en Classes Préparatoires,
Chargé de cours à la Faculté catholique de Philosophie de Lyon

Remerciements

Je remercie vivement le Professeur Régis Ladous, directeur de cette maîtrise en histoire, qui m'a proposé un sujet d'étude des plus captivants. Tout au long de mes recherches, il m'a encouragée et ses conseils précieux ont permis à ce travail de prendre corps.

Mes remerciements sincères s'adressent également au Professeur Michel Delsol qui a éclairé par son savoir scientifique et philosophique bien des points délicats à aborder pour un chercheur de formation littéraire.

Messieurs les Professeurs Régis Ladous et Michel Delsol ont su me mettre en confiance, alors que je m'aventurais dans une discipline qui m'était jusque-là peu familière.

Au début de mes recherches qui m'ont conduite à la Société Linnéenne de Lyon, j'ai eu l'immense chance et le plaisir de rencontrer Monsieur Louis Gianquinto qui s'intéresse depuis longtemps aux travaux d'Alexis Jordan. Grâce à lui, j'ai pu découvrir certains trésors conservés par cette société savante depuis 1822 et je l'en remercie.

Je remercie Janine Flatin qui a eu la patience et la gentillesse de répondre à foule de mes questions. Avec Gabrielle Pellegrin, elle a accepté de relire ce travail ; leurs remarques m'ont beaucoup aidée.

Enfin, je tiens à remercier les personnels de la Bibliothèque de la Part-Dieu, des Archives départementales du Rhône, des Archives municipales de la ville de Lyon et de la Bibliothèque de l' I.S.A.R.A. qui, par un travail de qualité et par leur accueil, permettent aux chercheurs de mener leurs investigations dans les meilleures conditions possibles.

Abréviations et sigles

A.D.I. : Archives départementales de l'Isère
A.D.R. : Archives départementales du Rhône
A.F.A.S. : Association Française pour l'Avancement des Sciences
A.M.L. : Archives municipales de Lyon
C.T.H.S. : Comité des Travaux Historiques et Scientifiques
L. : Linné
m.j. : "mon jardin"
P.U.F. : Presses Universitaires de France
S.B.F : Société Botanique de France
s.d. : "semis de"
S.L.L. : Société Linnéenne de Lyon

Sommaire

II - DES MOYENS DIGNES DE SON AMBITION

III - SA THEORIE. SES ECRITS. LE CHEF D'ECOLE

Temps 1 : Sur les traces de Timeroy

Temps 2 : L'âge mûr

Temps 3 : L'homme de cabinet

Le jardin Jordan à l'honneur

IV - L'APRES JORDAN :
QU'APPORTE-T-IL A LA SCIENCE ?

Troisième partie

NAISSANCE D'UN ROMAN : DES ANNALES DE
LOIGNY AUX CAVES DU VATICAN

Préface

L'Histoire des Sciences n'est pas seulement une accumulation séquentielle de faits et de données. L'historien doit essayer de comprendre les éléments qui ont amené tel homme, à telle époque, à bien interpréter tel fait ou, au contraire, à en donner une explication fantaisiste, voire fantasque ; il doit aussi essayer d'étudier le caractère de cet homme pour mieux comprendre ses motivations.

Retracer l'histoire d'Alexis JORDAN, botaniste lyonnais qui, malgré ses erreurs, a indisctutablement laissé un nom dans la science de son temps, était une heureuse initiative que Laurence Vèze a su mener à bien avec talent. En lisant son travail, nous comprenons pourquoi ce naturaliste passionné a passé à côté des grandes découvertes qui ont marqué l'histoire des sciences à la fin du XIXème siècle. Avec ses énormes et patients travaux, JORDAN aurait pu retrouver les lois de Mendel et ses jardins de Villeurbanne seraient devenus un des hauts-lieux de la Biologie moderne. Pourtant les travaux de ce botaniste acharné devaient amener à faire comprendre un fait capital que le biologiste L'HERITIER, spécialiste de l'hérédité, a fort bien analysé en 1954 dans le premier chapitre de son Traité de Génétique :

"Or, puisqu'elle se ramène à des caractères mendéliens, la variation héréditaire est discontinue et de bonne heure certains chercheurs s'en étaient rendu compte. L'un d'eux était un botaniste lyonnais, Alexis JORDAN. C'était un fixiste qui, dans le but de combattre les théories transformistes, s'était attaché à montrer que les variations constatées à l'intérieur d'une espèce, au sens de Linné, se ramenaient à un certain nombre de types parfaitement fixes et sans termes de passage. Ceux-ci devenaient alors les véritables espèces, telles qu'elles étaient sorties, sans doute, des mains du Créateur. Jordan étudie entre autres plantes, une infime Crucifère, *Draba verna*, dont il décrit et dessine minutieusement plus de 200 types morphologiques, récoltés en des localités géographiques diverses. Cultivés côte à côte dans un jardin, ces types conservent indéfiniment leurs caractères propres. *Draba verna* s'autoféconde ; comme nous le comprendrons au chapitre consacré à la Génétique des populations, cette espèce est donc constituée d'une collection de génotypes homozygotes ; ce sont eux qu'avait isolés et décrits JORDAN. Ses recherches n'apportèrent certes pas la preuve du fixisme ; mais contribuèrent historiquement à modifier la conception alors classique, que la variation avait un caractère continu".

Ce texte de L'HERITIER, que je livre à la méditation du lecteur, nous montre que, bien souvent, des travaux menés de façon rigoureuse mais dont les résultats ont été l'objet d'une interprétation fallacieuse, peuvent malgré tout être utiles au développement des connaissances humaines.

Michel DELSOL

PREMIERE PARTIE

Claude Thomas Alexis Jordan naît à Lyon le 29 octobre 1814. Son père, César Jordan a épousé à Tarare Jeanne-Marie Caquet d'Avaize - Adèle pour les amis.

I - DES ORIGINES LYONNAISES

La famille Jordan est bien implantée à Lyon dès le XVIIIème siècle. Le grand-père d'Alexis, Pierre Jordan, est qualifié de banquier négociant dans la plupart des actes qui le concernent. Il épouse en 1765 Marie-Elisabeth Périer (1), soeur de Claude Périer qui devient après Brumaire l'un des sept premiers régents de la Banque de France. Pierre Léon indique que Pierre Jordan est en relations suivies avec son beau-frère "à qui il ouvrit bien des portes à Lyon." (P. Léon, 1954, p. 274).

Pierre et Marie-Elisabeth Jordan résident, leur vie durant, dans le quartier des Terreaux, sur la paroisse de Saint-Pierre et Saint-Saturnin, successivement rue Pizay, rue de l'Arbre-Sec, rue Lafont, enfin quai de Retz (2). De ce mariage naissent six fils ; le dernier, César Jordan, né en 1780 est le père de notre botaniste (3). Le 10 mai 1785, Pierre Jordan fait et dicte son testament devant Maître Jacques Bouteloupt, conseiller du roi et notaire de Lyon. Il évalue à la somme de 340 000 francs le montant de ses biens qui consistent, à l'exclusion de tout immeuble, en les trois quarts de la société qu'il a constituée ainsi qu'en son mobilier. Le passif, composé des droits dotaux de sa femme, s'élève à 71 900 livres, ce qui réduit l'actif de la succession à la somme de 268 100 livres. Il institue héritière universelle "sa chère épouse", qu'il invite à se charger de la tutelle des enfants - "lui connaissant toute la tendresse maternelle pour s'acquitter dignement de cette charge" - et à continuer ses affaires auxquelles "elle pourra admettre un ou plusieurs de nos enfants à son choix et comme elle jugera à propos" (Aug. Jordan, 1983). Pierre Jordan décède le 23 janvier 1793 ; sa femme se retrouve veuve en des temps difficiles ; depuis la fin de 1792, Chalier exerce une "dictature" de fait dans une ville dévastée par le chômage.

1 - Des hommes d'action pour la soie et le roi

La Révolution, en arrêtant presque complètement le commerce extérieur, met la ville de Lyon au bord de la ruine. En mai 1793, ses habitants se révoltent contre la Convention, et la commune insurrectionnelle d'abord dirigée par des girondins (Biroteau et Chasset) passe à la fin de juillet aux mains des royalistes. Le troisième fils de Pierre Jordan, Camille Jordan (1771-1821) est l'un des instigateurs de la révolte. Sa devise : "J'aime mieux une liberté dangereuse qu'un paisible esclavage". En août 1793, les troupes de la Convention assiègent la ville et la prennent en octobre. La répression est très dure, Lyon devient "commune affranchie" (A. Latreille, 1975). Camille Jordan doit trouver refuge en Suisse, puis au pays de Bade (R. Boubée, 1911). Pendant ce temps, sa mère s'installe probablement avec ses quatre autres enfants à Grenoble, dans sa famille. Les Jordan y attendent le retour à une situation plus favorable qui leur permettra de rentrer à Lyon. A la mort de sa mère, César est âgé de seize ans. Conformément à la volonté paternelle, ses frères reprennent les affaires familiales ; il ne tarde pas à y prendre également des responsabilités. De ses quatre frères, les trois premiers ont fait leurs études au collège de l'Oratoire et au séminaire Saint-Irénée.

Après avoir échappé à la répression de l'insurrection lyonnaise, Alexandre-Pierre Jordan (1768-1824), la paix civile revenue, s'associe aux affaires de César. En 1816, il obtient le poste de receveur des finances de Vienne grâce aux appuis dont il dispose, notamment celui de Monsieur, frère du roi, qui n'a pas oublié la fidélité de la famille Jordan à la royauté pendant les Cent-Jours. Il épouse à Die le 7 pluviose an VI (le 26 janvier 1798) Sylvie Gueymar de Roquebeau dont il aura quatre enfants (Aug. Jordan, 1983).

Camille Jordan, personnage hors du commun, fait parler de lui pour la première fois lors du soulèvement lyonnais de 1793. Edouard Herriot fait son éloge, disant de lui qu'il est "la plus belle âme du siècle". Homme de lettres, il se lie d'amitié avec Goethe et Schiller au cours de séjours à Weimar. Il fait la connaissance de Madame de Staël qui demeure longtemps son égérie platonique, rencontre Madame Récamier avec qui il correspond de façon suivie. Homme politique, ses convictions le font pencher en faveur d'une monarchie constitutionnelle à la manière anglaise. Ses voyages à Londres achèvent de le convaincre du bien-fondé de ce régime politique. Il se fait élire au conseil des Cinq-Cents. Là, pour avoir préconisé dans un rapport le rétablissement des cloches dans les campagnes, il reçoit le sobriquet de "Jordan de la Cloche". Opposé au Directoire, il lui faut bientôt reprendre le chemin de l'exil. Napoléon Bonaparte l'autorise à rentrer au pays sans réussir à le gagner à sa cause. Il fait partie de la délégation lyonnaise qui va trouver à Dijon l'empereur d'Autriche pour demander le retour des Bourbons. Conseiller municipal de Lyon en 1815, Camille Jordan reste fidèle à la royauté durant les Cent-Jours. Avec le rétablissement de la branche aînée des Bourbons, il siège à l'Assemblée en tant que député de l'Ain en 1816, mais se sépare très vite des ultras soutenus par le comte d'Artois ; la propagande officielle le tourne en dérision. Admirateur de Decazes, défenseur de la liberté de la presse, il est avec Royer-Collard l'un des chefs de la petite troupe de "doctrinaires" qui souhaitent une monarchie modérée à égale distance de l'Ancien Régime et de la Révolution (P. Grimal, 1958).

Le quatrième fils des grands-parents d'Alexis Jordan, Augustin Jordan (1773-1849), participe avec Camille et quatre amis d'enfance à la constitution d'une société morale appelée société de Dui, à Vizille, en janvier 1797 (L. Royer, 1935). Une charte contenant vingt articles définit leurs objectifs : "s'efforcer de devenir chaque jour plus religieux envers la Divinité, plus bienfaisants envers les hommes". Mais Augustin est attiré par la carrière diplomatique. Il envoie à M. de Talleyrand, alors ministre des Relations extérieures, une lettre lui demandant de bien vouloir le compter parmi les aspirants au corps diplomatique. Auparavant, il n'a pas manqué de s'assurer des appuis nécessaires, ceux du consul Lebrun et de MM. de Narbonne et de Montmorency, que son frère Camille a bien connus lorsqu'il siègeait au conseil des Cinq-Cents. Après un stage dans la nouvelle administration centrale, il est nommé en 1802 attaché à l'ambassade de France auprès de la Cour de Vienne. Durant vingt ans, il poursuit dans cette même voie tout en devenant auditeur au Conseil d'Etat en 1811. En 1814, Mgr Cortois de Présigny, évêque de Saint-Malo, est envoyé à Rome comme ambassadeur de France. Augustin est appelé au poste de premier secrétaire d'ambassade. De 1819 à 1822, il devient directeur des affaires ecclésiastiques au ministère de l'Intérieur, après avoir pris une part active à la négociation du Concordat signé le 11 juin 1817 par les représentants de Louis XVIII et du pape Pie VII (Aug. Jordan, 1983). Fins et cultivés, Augustin et sa femme ont des personnalités attachantes. Théodore Aynard parle en ces termes de leur salon parisien : "Ce qui donnait un aspect particulier à ce salon, c'était sa noble simplicité, l'esprit pétillant d'Augustin Jordan et la sympathique aménité de sa femme. On y rencontrait notamment toute la dynastie des Périer, les huit frères, ses cousins germains." (Th. Aynard, 1892).

Le dernier frère de César, Antoine-Noël Jordan, naît à Lyon en 1778. Nous ne savons rien de ses études qui ont dû être perturbées par la tourmente révolutionnaire. Un détail est malgré tout fourni par son cousin Benoît Coste : Antoine-Noël, César et lui-même suivent en 1797 le cours de mathématiques de M. Mollet, professeur à la nouvelle Ecole centrale de Lyon. Antoine-Noël est ordonné et nommé prêtre de Fourvière quelques années plus tard. Il participe avec son cousin à la fondation de la Congrégation des Hommes de Lyon, qui jouera un rôle important dans la création de l'oeuvre de la Propagation de la Foi. Benoît Coste, agent de change, est un ami de Pauline Jaricot, qui lance l'idée du "sou pour les missions". Ce procédé ayant rapidement fait ses preuves, Benoît Coste le fait adopter en mai 1822 par l'assemblée constitutive de l'oeuvre de la Propagation de la Foi (A. Boucher, 1931). Antoine-Noël semble être en relation étroite avec ce mouvement, tout en remplissant son sacerdoce à Roanne en la paroisse Notre-Dame des Victoires pendant près de vingt ans. Il est nommé par ordonnance du 24 décembre 1828 curé de Saint-Bonaventure. Son ministère est marqué par les troubles d'avril 1834. Le 9, les émeutiers s'emparent de l'église. Le canon bombarde le clocher. Le 12, la troupe régulière investit l'édifice ; dans la nef et les chapelles attenantes sont recensés plus de douze morts (F. Rude, 1982). Antoine-Noël Jordan fait réparer les multiples dégradations. Il élabore même une restauration complète avec l'aide de l'architecte Claude-Anthelme Benoît. Il commence les travaux mais meurt subitement le 2 décembre 1843, faisant un legs de 18000 francs pour la continuation du projet. Dans la sacristie de l'église Saint-Bonaventure est conservé un portrait d'Antoine-Noël Jordan (4).

César Jordan est le père d'Alexis, le botaniste. Il est né le 26 octobre 1780 à Lyon et reçoit le baptême dès le lendemain en l'église Saint-Pierre et Saint-Saturnin. Si nous le comparons à ses frères, il est le seul à faire toute sa carrière dans les affaires. Ses activités sont diverses : il est qualifié de marchand de soie et exerce parallèlement une activité de banquier. Augustin Jordan rapporte l'anecdote suivante : Madame de Staël, dans une lettre à Camille Jordan du 20 juin 1806, l'aurait prié de bien vouloir demander à son frère César s'il lui donnerait six pour cent de vingt mille livres en compte courant (Aug. Jordan, 1983). Le contrat de mariage établi devant Maître Chol, notaire à Valsonne (Rhône), le 9 février 1813, le présente comme exerçant la profession de négociant, dans la continuité familiale (5). En 1830, César Jordan accepte la charge d'administrateur de l'hôpital de l'Antiquaille (le conseil d'administration est alors composé de neuf personnes). Il est nommé à ce poste le 20 octobre, par décision municipale, cet établissement relevant de la ville de Lyon. La consultation des registres du conseil d'administration nous apprend très peu de choses, si ce n'est que César Jordan ne doit pas y briller par une présence assidue (6). La durée des mandats est à l'époque variable et il est remplacé dans ses fonctions en 1832-33. Il faut noter que son père, Pierre Jordan, avait été lui-même recteur de l'Hôtel-Dieu (titre donné aux administrateurs avant la Révolution) de 1762 à 1764 (7). César est principalement accaparé par ses activités de commerce. Quelles sont-elles au juste ? Les dénominations varient selon les sources et les années : commissionnaire en soierie (1832), marchand de soie (1835), "commerce" (1836) et enfin "ex-négociant" en 1841, date aux alentours de laquelle César Jordan se retire des affaires. Il symbolise le type même du bourgeois lyonnais industrieux de la première moitié du XIXème siècle, le soyeux. Conservateur, il souhaite que l'Etat assure l'ordre nécessaire à la bonne marche des affaires mais sans jamais entraver la liberté économique. Cependant, il sait, le moment venu, faire des choix judicieux. Sous le Second Empire, conscient des transformations qui sont en train de s'amorcer, il se tourne vers les nouvelles industries. Il s'intéresse à la prospection et à l'exploitation minières dans le Rouergue avec ses frères Alexandre-Pierre et Camille. Il prend également des participations, et en fait prendre à ses clients, dans les compagnies de chemin de fer et surtout dans celles d'éclairage par le gaz (8).

Ce n'est que bien installé dans les affaires qu'il pense à se marier. Il a trente-quatre ans quand il prend pour femme la demoiselle Adèle Caquet d'Avaize, née à Tarare le 6 août 1792. Sa famille a été anoblie en 1739. Le père, Thomas Caquet d'Avaize, est docteur en droit et avocat au Parlement. Il a rempli plusieurs charges : receveur du grenier à sel de Lyon et, par la suite, de Tarare, capitaine châtelain et lieutenant-juge de la ville et baronnie d'Anse, enfin juge de paix du canton de Tarare. Dans le contrat de mariage de sa fille, il se dit également négociant. Sa femme s'appelle Claudine Chavanis et ils ont un second enfant qui se prénomme Claude-Marie Caquet d'Avaize, négociant à Tarare. Adèle Caquet d'Avaize apporte en dot, outre un trousseau "composé de ses nippes, linges, hardes et joyaux" estimé à 3 000 francs, la somme de 50 000 francs payée comptant par ses parents, une autre de 70 000 francs à prélever sur leur succession immobilière, ainsi qu'une troisième dont le montant s'élève à 30 000 francs et qui est offerte par l'oncle de la mariée, Jacques Caquet. Ce dernier est maître de forges à Beaumont près de Longny (Orne) et la somme est gagée par une hypothèque sur le domaine de Mannoyant, situé à Fontaine dans le canton de La Loupe dans l'Eure-et-Loir. César semble avoir constitué une grande fortune tant par ses activités bancaires et commerciales que par les importants héritages recueillis par lui-même et par sa femme. Les quelques lettres qui subsistent de lui apportent des renseignements sur sa personnalité (Aug. Jordan, 1983) (9). Cérémonieux, guindé, il est très attaché à la bonne marche de ses affaires et leur consacre la majeure partie de son temps. Sa femme apparaît comme une personne effacée, Augustin Jordan dit que ses vues étaient calquées sur celles de son mari (10). On ne saurait en douter.

2 - Dans le quartier des Terreaux...

Ils habitent au 7 de la rue Pizay lors de la naissance de leur premier né, Alexis, dont les jeunes années demeurent dans l'ombre. Tout ce que nous pouvons tenter de faire, c'est d'émettre des hypothèses construites à partir de ce qui vient d'être dit sur la famille Jordan. Alexis appartient donc à une famille de la bonne bourgeoisie lyonnaise. Cette affirmation formulée telle quelle est trop vague pour signifier quelque chose. Les travaux de Pierre Léon (11) montrent une situation des plus contrastées. Le terme de bourgeoisie recouvre des réalités très différentes. Il est préférable de parler de bourgeoisies ; ce qui les différencie (et les sépare), c'est leur fortune plus ou moins importante. Pierre Léon a donc élaboré deux grilles de niveau de fortune qui correspondent en fait à deux périodes : la première va de 1822 à 1845 et la seconde de 1869 à 1911 (12) ; ces dates correspondent à des années de prospérité économique. Il s'agit d'arriver, avec les quelques données chiffrées disponibles, à définir dans quelle catégorie placer les Jordan et juger de l'évolution qui a pu se produire entre les grands-parents d'Alexis et le botaniste lui-même. Pierre Jordan, dans son testament en 1785, estime sa fortune à 34 000 livres : il appartient à une bourgeoisie d'affaires aisée. Ses fils reprennent les affaires paternelles ou s'orientent vers d'autres voies que leur ouvre leur position sociale. Celle-ci leur permet également de contracter des alliances avec la noblesse et de réaliser ainsi un vieux rêve. La fortune amassée par César Jordan le place, pour la période postérieure à 1845, parmi la haute bourgeoisie d'affaires (de 10 001 à 25 000 francs) (13). La seconde période considérée par Pierre Léon offre une grille plus floue, avec une même tranche qui va de 50 001 à 250 000 francs, correspondant à la moyenne bourgeoisie. Un groupe supérieur s'en détache à partir de 150 000-175 000 francs. Le seuil de la haute bourgeoisie se situe alors au-dessus de 250 000 francs. Il semble que César Jordan fasse partie du groupe supérieur. Mais la définition d'une classe sociale ne peut totalement se fonder sur le seul critère de l'argent. Elle suppose l'intervention d'éléments d'ordre qualitatif, qui traduisent un style de vie (M. Perrot, 1982).

3 - Histoires de famille

Quels liens unissent le futur botaniste à sa famille ? Alexis n'a pas connu ses grands-parents paternels, morts bien avant sa naissance. Son grand-père maternel apparaît en tant que témoin dans l'acte de naissance (14). Les renseignements sur la famille Caquet d'Avaize sont peu nombreux. En fait, c'est dans l'inventaire après décès et le testament d'Alexis Jordan qu'apparaît quelque peu la branche maternelle (15). Le livre d'Augustin Jordan constitue une source infiniment précieuse : la quasi-totalité des renseignements sur les ancêtres et parents d'Alexis en sont issus.

Ses oncles apparaissent, malgré leurs itinéraires différents, comme des hommes d'entrepreises, fidèles à des idéaux issus de l'Ancien Régime mais résolument tournés vers la modernité industrielle et financière. A l'exception de relations d'affaires, quels liens César entretient-il avec ses frères ? Et par conséquent, quelle influence ont-ils pu avoir sur le jeune Alexis ? Quand Camille Jordan disparaît, Alexis n'est âgé que de sept ans. L'épopée de cet oncle célèbre, Alexis doit la connaître à travers les récits de son père et ceux des chroniqueurs. Peut-être, dans ses rêves d'enfants, s'imagine-t-il ressembler un jour à cet homme qui a su se battre et aller jusqu'au bout de ses convictions.

Le frère aîné de César meurt en 1824 à Lyon ou à Vienne (il est enterré à Vienne). Nous pouvons imaginer que les deux frères, César et Alexandre-Pierre, se fréquentaient régulièrement et qu'Alexis, s'il a peu connu cet oncle, a pu partager les loisirs de ses deux cousins germains. Alexis est entouré d'un grand nombre de cousins. Un certain nombre d'entre eux vivent à Lyon ou non loin. Se rencontrent-ils régulièrement ? Alexis trouve-t-il en eux les frères et les sœurs qu'il n'a pas ? La carrière diplomatique embrassée par Augustin le tient éloigné de Lyon. Vraisemblablement, son neveu et lui ne doivent pas avoir l'occasion de se rencontrer souvent. Lorsqu'Augustin revient à nouveau en France et de façon définitive, il choisit de s'installer à Paris.

4 - Confidences et jeunes années

Quant à Antoine-Noël Jordan, il commence sa carrière sacerdotale à Fourvière. Il passe ensuite les années 1810-1828 à Roanne. A son retour à Lyon, Alexis a quatorze ans. Nous avons le sentiment qu'ils sont très proches l'un de l'autre. Alexis est fils unique ; un frère né en 1819, Antoine Jordan, n'a vécu que quelques mois. Antoine-Noël Jordan voit en son neveu le fils qu'il n'a pas eu et Alexis sait qu'il peut à tout moment discuter avec son oncle (ils sont presque voisins), peut-être plus disponible que son père et en tout cas plus ouvert. Quelle éducation reçoit Alexis ? Celle donnée aux enfants de la bourgeoisie. Ses parents l'élèvent dans la foi catholique et le mettent en pension dans un collège de jésuites à Dôle (Jura) ; cette pratique est courante à l'époque. Ils auraient pu tout aussi bien le placer dans une institution similaire plus proche de Lyon ; le diocèse compte alors trois établissements tenus par les pères de la Compagnie de Jésus. L'instruction est un facteur capital, à la base de l'ascension sociale, qui prépare à la gestion des affaires. Elle permet également d'acquérir la culture qui singularise un groupe social prêt à jouer un rôle de plus en plus important (J.-M. Mayeur, 1973). Alexis est-il un élève brillant ? Si nous nous référons à ce qu'il entreprend par la suite, il doit avoir un certain goût pour l'étude. On peut imaginer cet adolescent qui, ayant passé plusieurs années loin de Lyon, aime à retrouver son oncle, cet ami, à qui il peut faire part de ses pensées, de ses préoccupations face à l'avenir. Alexis a dû poursuivre ses études secondaires à Lyon, mais il n'en est fait mention nulle part. Peut-être a-t-il été inscrit au lycée qui se trouve non loin de chez lui (16). Ensuite, son père le met progressivement au courant de ses affaires. Il espère qu'Alexis saura, le moment venu, faire preuve d'initiative et reprendre honorablement le flambeau.

Chronologiquement, les choses doivent se dérouler à peu près dans cet ordre. Cependant, le flou subsiste concernant les circonstances qui entraînent Alexis dans une tout autre voie. Un beau jour, il chemine en direction de l'église Saint-Bonaventure dans l'intention d'annoncer à son oncle son goût pour les sciences naturelles. Peut-être même Antoine-Noël Jordan va-t-il jusqu'à soutenir Alexis dans cette entreprise, contre la volonté paternelle ? Antoine-Noël jouit par héritages d'une fortune importante. Nous avons vu comment il n'hésite pas à faire réparer l'église Saint-Bonaventure à ses frais. A sa mort en 1843, Alexis reçoit des sommes substantielles. Il y a fort à penser que c'est grâce à cet argent qu'il acquiert les premières parcelles de terrain à Villeurbanne dans le but de constituer un jardin d'expérimentation.

N'exerçant pas de véritable profession, demeurant chez ses parents, il doit avoir à faire face aux remontrances, voire à l'hostilité parentale. Son père préférerait assurément que son unique descendant reprenne l'affaire familiale et qu'il perpétue ainsi son oeuvre.

Alexis, si tant est qu'il ait demandé à son père de l'aider à financer son projet, a dû se voir opposer un refus ou tout au moins une réticence assez vive. Cependant, il faut se garder d'avancer l'idée qu'Alexis n'est pas en bons termes avec ses parents, loin de là. Nous en voulons pour preuve le fait qu'il continue à habiter chez eux, et le jour où il décide de changer de demeure, il leur propose de déménager avec lui. En 1832, **Le Nouvel Indicateur de la ville de Lyon** mentionne que César Jordan, commissionnaire en soierie, habite rue Puits Gaillot au numéro 7. Trois ans plus tard, les Jordan sont installés au 4 de la rue Désiré. Les renseignements fournis par **L'Indicateur lyonnais** en 1835 restent imprécis dans la mesure où cet annuaire privilégie les données commerciales (17) ; l'adresse de la rue Désiré correspond à celle de la maison de commerce du père d'Alexis. C'est celle que l'on retrouve à nouveau en 1838, toujours selon la même source. Par contre, la consultation des dénombrements quinquennaux (ils existent depuis 1836) (18) offre la possibilité de connaître l'adresse d'un chef de feu, son âge, sa profession ; les différentes personnes qui composent le foyer (femme, enfants, domestiques, *etc.*) sont également citées. Nous apprenons qu'Alexis habite avec ses parents jusqu'au décès de ceux-ci. En 1836, ils résident au 8 de la rue Basseville. César Jordan est inscrit comme exerçant une profession dans le commerce (son adresse professionnelle n'est pas indiquée ici). Rien n'est précisé quant à celle de son fils. Ils demeurent à cette même adresse jusqu'en 1856. A cette date, la liste des membres de la Société Linnéenne de Lyon (S.L.L.) indique une adresse différente pour Alexis, le 40 rue de l'Arbre-Sec. Ses parents, dans le dénombrement de 1856, semblent toutefois résider encore rue Basseville. Toujours est-il qu'au recensement suivant, toute la famille est réunie rue de l'Arbre-Sec, domicile qu'elle ne quittera plus (19). A l'époque, cette rue est presque exclusivement habitée par des ouvriers de la soie. César Jordan est très attaché, comme son père avant lui, à ce quartier des Terreaux. Il en est de même pour Alexis. D'autres éléments concourent à expliquer cette cohabitation : Alexis demeure célibataire, il est fils unique et l'appartement s'étend sur trois étages. Il faut tenir compte aussi de la personnalité du personnage... Outre l'affection qu'il porte à ses parents, il s'y mêle un profond respect. Monsieur Jordan père ne doit tout de même pas voir d'un très bon oeil son fils s'orienter vers une voie nouvelle à l'opposé de la sienne. Cependant, il est contraint de se faire progressivement à cette idée et se rendre à l'évidence : son fils a décidé autrement de sa carrière, il sera botaniste. C'est aller un peu vite en besogne que de l'affirmer dans les années 1830. Alexis est un jeune homme d'une vingtaine d'années que son père tente d'associer à ses affaires.

Mais avant de se pencher sur les circonstances qui éloignent Alexis de cette ligne toute tracée et qui l'amènent à aborder les sciences de la nature et la botanique en particulier, il est nécessaire "d'extirper" pour un temps notre personnage de son milieu familial et social pour le replacer dans un cadre historique, en sachant qu'il n'est pas possible - et ce ne serait pas souhaitable - de vouloir séparer les deux. Autrement dit, après avoir essayé de dresser un portrait de la famille Jordan dans son ensemble et montrer, de manière assez sommaire d'ailleurs, les liens qui peuvent l'unir, il est temps de s'attacher de près à Alexis Jordan. Sa personnalité montre qu'il n'est pas nécessaire d'insister plus avant sur des relations familiales possibles et sur un déterminisme familial implacable.

II - UN HOMME, UNE EPOQUE

1814-1897 : autant dire que, durant son existence, Alexis Jordan (20) voit se succéder tous les événements politiques marquants qui modèlent le XIXème siècle. Ces bouleversements sont de portée nationale, mais il ne faudrait pas négliger le rôle d'une ville comme Lyon, qui délibérément s'est à plusieurs reprises démarquée de la tutelle parisienne par trop dominatrice. Lyon est une ville à tendance girondine dans la mesure où le lyonnais est à la fois conservateur et décentralisateur. C'est un lieu aux paysages politique et religieux contrastés. Toutes les tendances s'y expriment et s'y opposent ; les courants extrémistes sont mis farouchement en présence (A. Kleinclausz, 1925).

Les années de jeunesse d'Alexis Jordan sont marquées par des remous politiques importants. L'Empire vient de s'écrouler ; la seconde Restauration puis le règne de Louis-Philippe affirment la suprématie des royalistes. Comme l'ensemble de sa famille, Alexis est attaché au régime monarchique, qui est le seul possible car voulu par Dieu. Pour lui, l'Ecriture proclame l'intervention incessante de la Providence dans la vie des nations ainsi que dans celle des individus. Cette doctrine est développée deux siècles plus tôt par Bossuet dans le **Discours sur l'histoire universelle** (21), elle est formulée par Fénelon dans la célèbre maxime : "L'homme s'agite mais Dieu le mène". Les rois exercent leur pouvoir en vertu d'un mandat divin. En France, ce mandat est d'abord confié à la famille des Carolingiens, puis à celle des Capétiens et, plus tard, aux branches collatérales des Valois et des Bourbons. Le comte de Chambord meurt le 24 août 1883 sans postérité. L'histoire de la monarchie s'arrêterait-elle ici ? Pas pour Alexis Jordan, qui fait partie du groupe de ceux que l'on appelle les "naundorffiens". Il est persuadé que le fils de Louis XVI n'est pas mort au Temple en 1795 mais qu'il aurait fui en Allemagne, où il aurait pris le nom de Naundorff et exercé le métier d'horloger. Naundorff meurt en Hollande en 1845, laissant plusieurs enfants dont l'aîné est, pour Alexis Jordan, le roi légitime de la France ; il remontera sur le trône de ses ancêtres lorsque la République aura péri des excès qui sont la conséquence inévitable du funeste principe de la souveraineté populaire.

Alexis a 17 ans au moment de la révolte des canuts qui effraie la France entière au mois de novembre 1831 (J.-B. Monfalcon, 1979). Les ouvriers de l'industrie de la soie se soulèvent à cause de la baisse constante des salaires provoquée par une concurrence étrangère croissante. Les canuts se rassemblent à la Croix-Rousse le 21 novembre et se rendent maîtres de la ville le 22. Nous pouvons aisément imaginer quelles sont alors les pensées et les préoccupations de César Jordan. Le gouvernement de Casimir Périer refuse tout compromis avec les insurgés qu'il traite en rebelles. L'ordre est rétabli le 5 décembre par le maréchal de Soult qui occupe la ville avec vingt mille hommes.

Alexis est âgé de 34 ans lorsqu'éclate à Paris la Révolution de 1848 qui met fin à la Monarchie de Juillet. Louis-Philippe est dans l'obligation d'abdiquer ; il le fait en faveur de son fils le comte de Paris. La deuxième République est instituée le 25 février 1848. A compter de cette date et jusqu'en 1914, Lyon devient une des villes les plus républicaines de France, ce qui n'empêche pas l'expression d'autres courants. A l'inverse de son oncle Camille Jordan, Alexis Jordan ne prend aucune part à ces luttes. Sa réprobation n'en demeure pas moins vive, mais cette opposition reste muette.

Lors du conflit franco-prussien déclenché le 19 juillet 1870 par la France et les conséquences qui s'en suivent, Lyon se retrouve à plusieurs reprises au premier plan de la scène nationale. En mai 1870, Napoléon III organise un plébiscite dont les résultats nationaux confortent les positions de l'Empire. Mais Lyon pour sa part, comme le reste du département, n'apporte au régime impérial qu'une faible adhésion. Dans les mois qui suivent, la situation empire. La guerre entre la France et la Prusse fait rage. A l'enthousiasme premier de l'opinion publique succède un malaise profond amplifié par la défaite de Sedan. Le 4 septembre, une journée insurrectionnelle met Lyon en émoi. Quelques heures avant Paris, un comité de salut public s'empare de l'hôtel de ville, avec à sa tête le docteur Hénon. C'est alors qu'Alexis, qui réside non loin de là, peut entendre les cris et les clameurs qui accompagnent la déchéance de l'Empire suivie immédiatement de la proclamation de la République. Alexis Jordan refuse catégoriquement le mouvement communaliste tout en supportant douloureusement la menace prussienne. Nous en avons quelques échos à travers certaines lettres échangées avec un de ses correspondants, Monsieur Paillot de Besançon (22). Le 18 septembre, c'est à Lyon que Garibaldi prend le commandement de l'armée dite "des Volontaires du sud-est", qui s'illustre au cours de la bataille de Nuits-Saint-Georges, remportant la victoire.

Enfin que dire des états d'âme d'Alexis lors de l'avènement de la IIIème République en 1875 ? Peut-être voit-il dans le régime d'exception qui prive Lyon de son autonomie administrative (jusque dans les années 1881-1884), un signe de la Providence : il ne va pas sans risque de tenter de bouleverser le "grand ordre des choses"... Ce "grand ordre", régi par Dieu, est à la base de toute chose pour Alexis Jordan. Il fait référence une fois pour toutes aux textes de la Bible pour expliquer le monde et l'action que l'homme doit, à ce titre, y exercer.

1 - Lyon, ville mystique

Au cours du XIXème siècle, la ville de Lyon connaît un renouveau catholique important. Ce regain est dû dans une large mesure aux efforts de ses deux archevêques, Mgr Fesch et Mgr de Bonald, respectivement Primat des Gaules de 1802 à 1839 et de 1839 à 1870. Ce renouveau spirituel prend racine dans les milieux dirigeants de la Fabrique et du négoce lyonnais qui, traditionnellement, allient ferveur religieuse et sens des affaires. Le diocèse de Lyon correspond à l'époque aux départements actuels du Rhône, de la Loire et de l'Ain. Ce dernier s'en détache pour devenir le diocèse de Belley en 1824. La renaissance catholique se traduit par un accroissement considérable du nombre des vocations et par la multiplication des congrégations missionnaires, d'assistance ou encore d'enseignement. Nous pouvons citer à titre d'exemples la Société de la Croix de Jésus, fondée en 1816 (23), les maristes de la Loire, les soeurs Saint-Charles, les capucins ou les carmes, communautés qui se réorganisent dès 1815 (elles sont reconnues légalement en 1825). Parallèlement, il existe d'autres formes d'expression religieuse. J. Gadille définit ainsi le christianisme lyonnais :

"Il est composé d'un curieux mélange d'audace et d'attachement à la tradition la plus vénérable, d'illuminations mystiques confinant à l'ésotérisme et de petits moyens d'oeuvres organisés admirablement, jusque dans leur moindre détail" (J. Gadille, 1983).

Il faut aussi mentionner ce que de nombreux auteurs appellent le "Lyon mystique". Cette Ecole mystique s'articule autour d'un certain nombre de cénacles dans lesquels s'expriment les courants spiritualistes et des réflexions philosophiques, voire même artistiques, d'avant-garde (J. Buche , 1935). Parmi les personnalités qui adhèrent à ce courant de pensée, nous pouvons citer l'oncle d'Alexis, Camille Jordan, Madame de Staël, Jean-Jacques Ampère (fils du physicien et mathématicien), Pierre-Simon Ballanche (il donne une signification religieuse à l'histoire, s'efforçant de saisir l'apport de chaque peuple dans le développement de l'humanité), l'abbé Noirot, Paul Chenavard. Ce mouvement ne touche qu'une faible partie de la population. Enfin des formes populaires et rurales de jansénisme s'enracinent fortement sous l'action des oratoriens et des jacobins, ce qui débouche sur ce que l'on a appelé la Petite Eglise (C. Latreille, 1911). Anti-concordataires, ils se nomment eux-mêmes "les amis de la vérité".

Il existe un zèle propre aux catholiques lyonnais concernant la ferveur et les oeuvres religieuses, tant chez les religieux que chez les laïcs. L'histoire a retenu le nom de quelques personnalités marquantes comme Jean-Marie Vianney (le curé d'Ars), le père Chevrier qui fonde le Prado en 1864 (véritable mission en milieu prolétarien du faubourg de la Guillotière), Pauline Jaricot, Frédéric Ozanam (fondateur des conférences de Saint-Vincent de Paul, oeuvre d'assistance à direction laïque). Ils contribuent dans une large mesure à la création d'un catholicisme social, qui se veut plus proche des petites gens, attentif à la "question ouvrière" naissante (Y. Lequin, 1977).

Le sentiment religieux, la pratique sont difficilement quantifiables. Dans l'ensemble, les lyonnais sont attachés à la religion, avec quelques distinctions selon le milieu social. Les conservateurs sont étroitement liés au renouveau catholique. Ils appartiennent à la haute bourgeoisie commerciale et industrielle. La petite bourgeoisie et les classes moyennes sont républicaines, parfois anticléricales mais socialement conservatrices. Enfin les ouvriers sont attirés par des doctrines encore diffuses du socialisme naissant, mais ils restent cependant le plus souvent apolitiques. Si l'Eglise est prise à partie, la pratique reste importante, surtout chez les femmes (A. Pelletier, 1980).

Jules Michelet résume très bien la situation quand il écrit, à propos des collines lyonnaises, qu'il faut distinguer "celle qui prie et celle qui travaille". La piété peut prendre parfois des formes exubérantes comme en témoigne l'illumination de la ville le 8 décembre 1854 - à l'occasion de la proclamation par Pie X du dogme de l'Immaculée Conception de la Vierge Marie - ou encore la construction de la basilique de Fourvière entreprise dès 1871, dans un style néo-byzantin en faveur dans la bourgeoisie. A cette époque, la bourgeoisie républicaine accède au pouvoir et fait de Garibaldi un véritable mythe, le héros de Nuits-Saint-Georges. A ce symbole, une autre fraction de la population offre une interprétation différente : l'archevêque Ginoulhiac fait voeu d'élever une grande basilique à Notre-Dame de Fourvière pour la remercier d'avoir épargné à Lyon les massacres prussiens.

Cependant, la communauté catholique ne parvient pas à faire l'unanimité en son sein. Deux tendances divergentes sont en présence. D'un côté, les intransigeants constituent le courant ultramontain. Ils soutiennent plus que jamais les prétentions pontificales, contestées tout au long du XIXème siècle par les Etats qui souhaitent s'émanciper de l'influence politique et sociale de l'Eglise. Au-delà de l'affirmation de la haute mission du pape, ils refusent la nouvelle société issue des bouleversements économiques, scientifiques et techniques de la seconde moitié du siècle. Ils s'élèvent contre "les libertés modernes" dénoncées dans l'encyclique *Quanta Cura* du 8 décembre 1864, contraires d'après eux à l'accomplissement d'un véritable régime de chrétienté (J.-M. Mayeur, 1973). Ils sont, en fait, nostalgiques d'une certaine théocratie sinon politique, du moins sociale. Ce courant d'ampleur nationale s'exprime bien entendu à Lyon, entre autres dans une certaine presse comme **Le Nouvelliste** de Joseph Rambaud. Il est tentant de ranger d'emblée Alexis Jordan parmi les intransigeants, mais il faut nuancer car ses convictions religieuses sont un mélange des diverses tendances en présence.

De l'autre côté, les catholiques libéraux se posent en défenseurs des libertés modernes et des libertés de culte. Leurs revendications ne sont pas formulées contre l'Eglise, mais contre sa façon de voir et d'agir qui la fait apparaître chaque jour plus profondément étrangère à l'esprit du siècle. Ils tentent, au contraire, de réconcilier Eglise et libertés, alors que les intransigeants vont jusqu'à désirer la séparation de l'Eglise et de l'Etat. Il n'est pas possible de sous-estimer les interférences qui existent entre le problème politique et le problème religieux, voire économique. En effet, ces catholiques libéraux sont attachés au libéralisme économique, à l'exemple d'Edouard Aynard (24). Républicain et catholique, député en 1889, il s'oppose à la fois aux radicaux et à la droite catholique intransigeante.

Avec les radicaux qui détiennent la mairie dès le début de la IIIème République, nous assistons à la montée de l'anticléricalisme qui trouve un écho favorable dans des journaux tels que **Le Réveil**, **Le Refusé** ou encore **L'Excommunié**. L'anticléricalisme est d'abord une réaction politique contre l'influence politique et sociale de l'Eglise. Il peut aussi diffuser une idéologie propre, ennemie de toute religion. Finalement, malgré des tendances on ne peut plus opposées et qui savent se faire entendre, la religion à Lyon continue à tenir une place non négligeable, grâce à un clergé influent et des laïcs entreprenants. Ajoutons, pour compléter le paysage religieux lyonnais, que les protestants ne constituent qu'une petite minorité (estimée à environ dix mille personnes en 1832).

2 - Des opinions religieuses bien arrêtées

Nous avons tenté de dresser un tableau de la vie religieuse à Lyon. Mais quelles sont les pensées du botaniste en la matière ? Alexis Jordan est élevé dans la tradition catholique. Pourtant Augustin Jordan parle du "jansénisme austère de ses parents" (Aug. Jordan, 1983). Qu'entend-il au juste par là ? Peut-être prend-il l'expression dans son sens élargi qui signifie alors une éducation selon une morale chrétienne austère, rigoriste ? Toujours est-il que, sa vie durant, Alexis Jordan apparaît comme un homme profondément catholique, allant jusqu'à prendre des positions extrémistes. Il trouve le clergé est tiède et croit que les évêques sont francs-maçons (F. Gagnepain, 1931). Il considère que la catholicité est en péril et les événements politiques auxquels il assiste ne le rassurent en rien. Cependant, il ne peut pas être réellement classé parmi les ultramontains. Il se prononce moins pour la suprématie du pape-roi selon dom Guéranger que pour ce qu'il représente depuis toujours : le pape est à la tête de la catholicité le successeur de Saint-Pierre ; il en est ainsi depuis des siècles et, à ce titre, aucune remise en cause n'est possible.

Les convictions d'Alexis Jordan reposent sur une lecture minutieuse de la Bible ; c'est elle qui le pousse à conclure : "L'observateur qui veut marcher d'un pas assuré doit prendre toujours la philosophie pour guide et la théologie pour boussole" (A. Jordan, 1864). Deux mots reviennent souvent sous la plume de ses biographes : fanatisme et intransigeance (ces termes ne s'appliquant d'ailleurs pas uniquement à ses opinions religieuses). Alexis appartient à la paroisse de Saint-Pierre et Saint-Saturnin dont il suit régulièrement les offices. Comme tout chrétien quelque peu engagé, il pourvoit au denier du culte et répond aux appels de fonds de l'Eglise. Vers 1860 est rétabli le denier de Saint-Pierre (J. Gadille, 1983, p. 243) qui sert de cadre à un emprunt souscrit avec succès à Lyon sous la conduite des banquiers Dugas et Guérin pour aider le pape. Il y a fort à parier qu'Alexis y apporte sa contribution.

De même, nous nous sommes demandé s'il n'y aurait pas moyen de retrouver trace des principaux donateurs qui ont permis l'édification de la basilique de Fourvière. L'initiative du projet revient à la Commission de Fourvière (créée en 1853). Le cardinal de Bonald lance la souscription en 1871. **L'Echo de Fourvière** publie à partir de cette date la liste de tous les donateurs dans une parution hebdomadaire. On entrevoit immédiatement le travail de titan que nécessiterait un dépouillement systématique des numéros... Madame Hardouin-Fugier, à qui nous nous sommes adressé après avoir pris un premier contact avec la Commission de Fourvière, nous a confié cette anecdote. Il existerait un registre intégral des donateurs qui serait conservé dans une armoire de l'abside ou qui aurait été directement scellé dans les murs de cette abside (E. Hardouin-Fugier, 1983). Tout cela est à prendre au conditionnel mais c'est le prédécesseur de l'actuel directeur de la Commission qui l'aurait affirmé. Hypothèse non prouvée ; mais Alexis Jordan doit se montrer généreux, soucieux d'accomplir son devoir de chrétien. Il souscrit 20 obligations de cette même Commission de Fourvière (25).

Afin de mieux cerner les traits de caractère d'Alexis Jordan, il est temps de le placer dans son cadre habituel, c'est-à-dire dans son appartement de la rue de l'Arbre-Sec.

3 - L'univers quotidien d'Alexis Jordan

Le propriétaire de cet appartement est un certain Monsieur Gourdiat, rentier de son état (26). Il le loue à la famille Jordan à partir de 1856 jusqu'en 1897, date de la mort d'Alexis Jordan. L'appartement est dans un immeuble de rapport, situé à l'angle du quai de Retz et de la rue de l'Arbre-Sec (27). Il s'étage sur trois niveaux, auxquels il faut ajouter un grenier et une cave. La configuration des lieux est connue de façon approximative grâce au début d'inventaire après-décès d'Alexis Jordan (28).

Vraisemblablement, l'inventaire débute par ce qui doit tenir lieu de niveau zéro et qui est en fait le troisième étage de l'immeuble. D'ailleurs seul cet étage est décrit ici. Les deux autres abritent les collections botaniques et la bibliothèque. Le cabinet de travail est situé dans une pièce qui fait angle et il est éclairé par deux fenêtres à l'est et au nord-est donnant sur le quai. Une pièce contiguë éclairée par une croisée donnant sur le quai sert de chambre à coucher (ce doit être celle d'Alexis Jordan). Donnant sur la rue de l'Arbre-Sec, qui est au nord, un cabinet de toilette. Sur la même rue, la salle à manger et une autre pièce à la suite, éclairée par une croisée mais dont l'utilisation n'est pas précisée. Le vestibule donne accès aux pièces qui viennent d'être mentionnées, ainsi qu'à la cuisine qui donne au midi sur une cour intérieure. A cela, il faut ajouter une autre chambre qui donne sur la rue de l'Arbre-Sec, ainsi qu'une petite pièce servant de vestiaire.

Grâce à l'inventaire, le lecteur se déplace de pièce en pièce ; ce qui les garnit est décrit et estimé. Le mobilier, assez important, est en acajou, de style Directoire ou Empire, provenant sans doute d'héritages. Les pièces d'argenterie sont inventoriées. Le poids total est de 4 360 grammes, et l'estimation est de 112 francs le kilogramme, à l'exception de certaines pièces du XVIIIème siècle comme une cafetière Louis XVI de 280 grammes, 4 bouts de table de 600 grammes et un porte-huilier de 680 grammes estimés à 16 centimes le grammes. La garde-robe du défunt également inventoriée est dite en mauvais état ; beaucoup de pièces sont hors de service, le tout n'est estimé qu'à 60 francs. Dans le secrétaire de la chambre à coucher et dans le bureau de la salle à manger, des sommes en liquide importantes sont retrouvées. L'une de 52 565 francs, l'autre de 6 020 francs, soit en tout près de 60 000 francs.

Ce début d'inventaire est une chance puisqu'il mentionne un grand nombre de récépissés de titres, ainsi que des titres nominatifs. Deux banques ont la responsabilité de les gérer : le Crédit Lyonnais et la Société Lyonnaise de Dépôt. Sont réunies à la fois des valeurs immobilières (Société de la Rue Impériale de Lyon), des valeurs de chemin de fer (Chemins de fer Guillaune et Luxembourg) et des valeurs industrielles (charbonnages : Houillières de Saint-Etienne, de Montrambert ; mines : Compagnie des Mines de la Loire), industries de transformation (société Commentry-Fourchambault). Le bassin minier de la Loire attire les investissements lyonnais, ainsi que celui un peu plus éloigné du Massif central. Sont en vogue également les charbonnages de Firminy, Saint-Etienne, Montrambert, Roche-la-Molière (dont l'administrateur n'est autre que Joseph Rambaud), les aciéries de Firminy et de Châtillon-Commentry (P. Léon, 1974). Dans le secteur étranger, Pierre Léon note la prépondérance des valeurs ferroviaires et il semble que ce soit le cas quant au choix d'Alexis Jordan. Parallèlement, l'empire colonial français, pourtant en pleine expansion, est négligé.

L'essentiel de son portefeuille est constitué de parts importantes prises dans les sociétés d'éclairage par le gaz dans différentes villes (29), comme l'ont fait avant lui son père et les lyonnais en général. Il y a en effet un véritable engouement pour les usines à gaz dont la nouveauté et la rentabilité les séduisent, ainsi que pour les compagnies qui le commercialisent.

Les renseignements contenus dans son testament (30) font état d'un montant global de 147 000 francs ; il se répartit en sommes qui seront distribuées après sa mort aux personnes qui l'ont servi, sans oublier une somme de 12 300 francs en rente annuelle viagère.

4 - Un homme économe

Procédant à la manière de Pierre Léon (31) dont l'étude porte sur les patrimoines de défunts, ces éléments permettent d'appréhender de plus près une catégorie sociale. Il est intéressant de noter, dans la constitution du patrimoine d'Alexis Jordan, la prépondérance des valeurs mobilières par rapport aux valeurs immobilières (il dispose d'une propriété à Villeurbanne). Ce phénomène est net chez les négociants et les industriels qui ont un besoin constant et croissant de liquidités. La seconde moitié du XIXème siècle voit une accélération de la croissance économique et provoque une évolution rapide des mentalités. Le secteur mobilier qui permet la spéculation est nettement privilégié. Le placement foncier est synonyme de prudence et il se fait surtout dans les régions qui avoisinent la métropole. Par contre dans la dotalité, l'immobilier tend à prendre une place de plus en plus importante. Toutefois, la définition d'une classe sociale ne se fonde pas uniquement sur un niveau de fortune ou sur le rang dans la profession. Comme nous l'avons dit, un certain nombre d'éléments d'ordre qualitatif interviennent.

Les conclusions faites à propos de la famille Jordan restent bien entendu vraies pour Alexis. Il appartient à la bourgeoisie, mais non plus à celle des affaires ; il choisit résolument de ne pas exercer la profession de son père et de vivre de ses rentes. Il opte pour les placements mobiliers. De plus, demeurant célibataire, aucune dot ne vient enrichir sa fortune. En tant que rentier, Alexis Jordan est classé parmi les "dominants". Pierre Léon entend par-là trois groupes : les propriétaires et rentiers, les négociants et les industriels, et enfin les hauts fonctionnaires, les membres des professions libérales et les cadres du secteur privé. Il demeure dans cette catégorie, changeant juste, si l'on peut dire, de groupe. Dans une certaine mesure, nous pouvons dire que nous assistons avec lui à la fin d'une dynastie.

La domesticité est l'un des éléments d'ordre qualitatif. Du vivant des parents Jordan, elle varie entre deux ou trois personnes, le plus souvent un homme et une femme. Les changements de domestiques sont fréquents jusqu'en 1872. A cette date, Joséphine Trébuchet (36 ans, originaire de l'Ain) et Jean Bellon (35 ans, originaire de Savoie) entrent à leur service et y restent jusqu'au décès d'Alexis Jordan qui sut apprécier leur dévouement en leur léguant à chacun la somme de vingt mille francs (32). Il a d'autres gens à son service, qu'il occupe à ses recherches botaniques, en tout neuf personnes. Deux domestiques ont donc la charge de la maison dans laquelle vivent d'abord trois personnes, puis une seule. Le train de vie d'Alexis Jordan reste bien en dessous de ce que sa fortune peut lui permettre. Certains sont même allés jusqu'à parler d'avarice à son égard (O. Meyran, 1914). Il est plutôt parcimonieux, soucieux de ne pas gaspiller un argent qu'il sait pouvoir mieux employer ailleurs. S'il ne fait pas de grands frais de toilette, cela s'explique aussi parce qu'il reçoit peu.

5 - Un petit cercle d'amis

Ses principales relations sont liées à ses activités de botaniste. Il entretient un commerce suivi avec certaines personnes, mais plusieurs anecdotes lui font une réputation de personnage renfermé, manquant de chaleur, méfiant, en un mot misanthrope. D'une nature à l'origine peu expansive, les années passant, vivant seul, il se replie sur lui-même et quelques épisodes témoignent de sa volonté de se couper du monde. Octave Meyran désirant entreprendre une histoire des botanistes lyonnais chercha à rencontrer le père du jordanisme. Malgré les recommandations dont il avait pris la peine de se munir, il ne dépassa jamais le vestibule de l'appartement de la rue de l'Arbre-Sec (33).

Quelques fidèles sont cependant admis "dans le sanctuaire de la botanique descriptive" (M. Coquillat, 1947). L'abbé G... (ce doit être l'abbé Gandoger, botaniste lyonnais) (34) a l'honneur de son cabinet et de sa bibliothèque jusqu'au jour où Jordan s'aperçoit de la disparition de sa montre à la suite de la visite du curé d'A... Sa suspicion s'exprime encore dans ce nouvel exemple. Il interdit qu'on astique les cuivres des portes du domaine de Villeurbanne sous prétexte que cela pourrait attirer les mendiants et les voleurs (M. Coquillat, 1947). Ajoutons à cela qu'il est connu (et critiqué) pour son intransigeance tant religieuse que scientifique...

Voici le portrait qu'en fait André Monglond à la fin de sa vie :

"Un octogénaire de haute taille, maigre, mais solidement charpenté, d'un abord glacial. Sans famille, sans amis, sans ambition, sans faiblesse. Insensible à tout ce qui n'est pas son fanatisme. Jadis, l'un des premiers partisans du comte de Chambord, il est, après 1883, demeuré fidèle à son idée fixe : le rétablissement de la monarchie en France qui assurera le règne du Christ sur la terre. Très riche et très avare, il ne dépense jamais un sou de plus qu'il ne faut pour l'entretien de son ménage qui est des plus modestes. Ne se considérant que comme simple dépositaire de sa fortune, il ne prend pour sa personne que ce qui est indispensable à son existence. Sa fortune immense, une innocence d'enfant, l'exposent à toutes les convoitises." (A. Monglond, 1953).

Cette description est loin d'être tendre pour notre botaniste. Peut-être faut-il la mettre sur le compte d'un chroniqueur à la recherche du sensationnel, tendant lui-même à justifier une oeuvre ? André Monglond parle également de la santé délicate d'Alexis Jordan, affirmant que "sa famille le jugea dès l'enfance incapable de supporter le labeur d'une profession". Dans la correspondance Paillot-Jordan (35), à plusieurs reprises Alexis s'excuse du retard qu'il met à répondre, arguant des problèmes de santé qu'il vient de subir. Mais ne faut-il pas voir ici un leitmotiv fréquemment utilisé par grand nombre de personnes et de tout temps ? Cette éventualité peut-être fondée n'empêche pas des travaux botaniques menés durant près de soixante ans. Ils sont de grande ampleur et traduisent une activité sans relâche au service d'une passion.

Cette première partie consacrée à ce que Balzac appelle "le type social" s'achève. Elle a tenté de replacer le personnage dans un cadre qui lui est familier. Bien des points demeurent dans l'ombre, qui nécessiteraient des recherches plus approfondies. Nous sommes au milieu des années 1830, Alexis Jordan suit le cours d'entomologie de Seringe au parc de la Tête d'Or. C'est son premier contact avec les sciences de la nature.

DEUXIEME PARTIE

I - LA NAISSANCE D'UNE VOCATION

1 - Les années d'apprentissage

Nous ignorons les circonstances exactes qui amènent Alexis Jordan à la botanique. Sa rencontre avec un habile entomologiste, Ant. Foudras (1783-1859), semble déterminante (36). Ce dernier observe et récolte aussi les plantes au cours de ses nombreuses excursions, dès 1808 et surtout de 1835 à 1847 (Ant. Magnin , 1906, p. 80). Ces précisions chronologiques, recoupées avec d'autres, permettent de dire qu'Alexis Jordan fait partie de ces voyages botaniques. Ce serait donc vers l'âge de vingt-et-un ans qu'il aurait abordé ce domaine qui allait devenir une véritable passion. Il est amené à rencontrer toutes les figures marquantes du petit monde de la botanique lyonnaise. Nicolas-Charles Seringe est l'une d'elles. Originaire de Suisse, il travaille avec l'un des fondateurs de la géographie botanique (on parlera plus tard de géobotanique) (37), Augustin Pyrame de Candolle, qui dirige la troisième édition de **La flore française** de Lamarck. Seringe se décide, sur les instances de Madame Lortet et de Monsieur Roffavier (38), à venir à Lyon comme professeur et directeur du jardin botanique. Alexis Jordan suit ce cours et les herborisations que Seringe fait avec une pléiade d'élèves. Il devient même son préparateur et se consacre alors uniquement à la botanique.

A la même époque, il fait la connaissance de Marc-Antoine Timeroy (1793-1856), avec qui il se lie d'amitié (39). Timeroy, par ses conseils, influence dans une large mesure les recherches du débutant. D'ailleurs, Jordan lui dédiera plusieurs formes : *Pelis Timeroyi* (A. Jordan, 1846, 3ème fragment, p. 83), *Galium Timeroyi* (A. Jordan, 1846, 3ème fragment, pp. 138-140). Timeroy est en contact avec plusieurs botanistes lyonnais (il a ses propres élèves) et les présente à Jordan. C'est ainsi qu'il fait la connaissance de H. Navier et les deux jeunes gens sympathisent rapidement. Jordan constitue patiemment un important herbier. H. Navier est également rentier et possède des jardins botaniques à Cornod (Jura), ce qui lui permet de fournir à Jordan un grand nombre de plantes. Jordan parle de son ami en ces termes : "jeune naturaliste de grande espérance" (Ant. Magnin, 1906).

2 - Des lieux d'échanges privilégiés : académies et sociétés savantes à Lyon

En 1822, un groupe d'amateurs avertis et passionnés fonde la Société Linnéenne de Lyon (S.L.L.). Cette société savante regroupe différentes sections comme la botanique, l'entomologie, la mycologie, la minéralogie et d'autres encore ayant trait aux sciences de la nature. Mme Clémence Lortet et Georges Roffavier déjà cités, Jean-Baptiste Balbis, Anselme-Benoît Champagneux, Jean Aunier, Antoine Foudras, l'abbé Etienne Pagès en sont les principaux fondateurs. La S.L.L. s'installe dans l'enceinte du palais Saint-Pierre (40). A Lyon, ce groupe participe largement au développement de la recherche scientifique. Il s'intéresse plus particulièrement à l'étude de l'espèce, comme son nom le laisse présager. Les membres viennent de différents horizons. A la lecture du **Prodrome d'une histoire des botanistes lyonnais** par Antoine Magnin, on s'aperçoit que la majorité d'entre eux sont des amateurs, désireux de se livrer à leur passe-temps favori et de pouvoir partager leur expérience, échanger des idées, les résultats de leurs travaux, en un mot, désireux de ne pas rester isolés dans des domaines d'étude souvent vastes et surtout en pleine évolution. Ils exercent des professions diverses. Nous retrouvons des négociants, des avoués, des médecins, des pharmaciens, des professeurs, *etc*. Ils acquièrent une formation de terrain et recherchent des maîtres en botanique comme Balbis et Cariot.

A l'époque, ce sont les académies et de telles sociétés qui assurent à la fois la diffusion des travaux scientifiques et qui les suscitent. Nous pouvons également citer l'Académie des Sciences, Belles-Lettres et Arts de Lyon (créée en 1700), la Société d'Agriculture de Lyon (1806), la Société d'Agriculture pratique du Rhône (1843), la Société lyonnaise de Flore (1850), la Société Botanique de Lyon (1872), l'Association horticole lyonnaise (1872). Rappelons que Lyon est célèbre pour ses soieries et qu'à ce titre, cette industrie fait appel à des artistes peintres dont bon nombre se spécialisent dans la reproduction de fleurs (P.-J. Redouté, surnommé le "Raphaël des fleurs", Delorme...). La S.L.L. figure parmi les premières créations. Son rôle ne fait qu'augmenter tout au long du XIXème siècle. Ses adhérents viennent de la France entière et de l'étranger (Suisse, Belgique, Italie...). Les **Annales de la Société Linnéenne de Lyon** paraissent dès 1836 et se transforment en **Bulletin de la Société Linnéenne de Lyon** en 1922. Cette publication trouve un écho assez large auprès des sociétés et des jardins botaniques étrangers. Inversement, la S.L.L. reçoit leurs publications.

Aujourd'hui, Louis Gianquinto s'occupe de la bibliothèque de la S.L.L. C'est un réel plaisir que de s'entretenir avec lui des trésors qu'elle renferme et qu'il s'efforce de faire connaître, avec toute la compétence et la gentillesse que nous lui connaissons. Ce fonds spécialisé, contenant entre autres un grand nombre de travaux sur les flores européennes, demeure d'une grande utilité, sans compter les publications étrangères qu'il n'est pas toujours aisé de se procurer.

3 - Un choix : être botaniste

Les fondateurs de la S.L.L. encouragent Alexis Jordan à faire de la botanique. Il adhère à la Société en 1845 (41). Les années 1836-1846 sont pour lui des années d'apprentissage. Il entre en contact avec tout ce que Lyon compte comme experts en la matière. Il s'intéresse de plus en plus aux plantes et entreprend des voyages botaniques, cherchant à se familiariser sur le terrain même. Il herborise principalement dans le sud-est de la France (Puy-de-Dôme, Aude, Basses et Hautes-Alpes, Alsace, Isère, Corse, Haute-Savoie...) et rarement hors des frontières (Italie) (42). C'est avant tout un observateur minutieux, qui sait reconnaître les différences morphologiques les plus infimes. Il herborise durant près de quarante ans, la dernière "expédition" mentionnée par Claudius Roux et Antoine Colomb date de 1877 et a lieu dans l'Ain.

Bien entendu, il s'attache plus particulièrement à l'étude de la flore lyonnaise, sans négliger les flores de France en général, qui permettent des comparaisons. Les travaux de ce type se multiplient au XVIIIème siècle (les premières flores datent du XVIIème siècle et concernent les environs de Paris) ; avec eux nous entrons dans l'ère de la botanique descriptive. Citons pour exemples la **Description des plantes des environs de Paris** de M. Fabregou en 1740, qui se termine par une **Dissertation sur le progrès de la botanique** ; la flore du Lyonnais par Latourette : **Botanicon**

Pilatense, 1770 ; **Plantes observées aux environs de la ville de Mans**, de Maulny en 1786. Leur nombre est considérable, chaque région française, voire même des villes, faisant l'objet d'études. Il faut ajouter la publication des catalogues des nombreux jardins botaniques (Lille, Caen, Toulouse, Grenoble...).

Plus proche de Jordan, Lamarck publie en 1793 la seconde édition de sa **Flore françoise ou Description succinte de toutes les plantes qui croissent naturellement en France**. En 1857, paraît la troisième édition de la **Flore du Centre de la France** d'Alexandre Boreau. Sans oublier la **Flore élémentaire des jardins et des champs accompagnée de clés analytiques** par Joseph Decaisne en 1855 ; **Les noms des plantes trouvés par la méthode simple. Album de la nouvelle flore**, de Gaston Bonnier qui mène un travail considérable. On parle simplement "du Bonnier" pour qualifier sa dernière oeuvre **Flore complète illustrée en couleurs de France** (Alsace et Lorraine comprises) (Ad. Davy de Virville, 1954). Ce qui est frappant à la lecture de cet ouvrage intitulé **Histoire de la botanique en France**, c'est de constater à quel point Alexis Jordan est en relation avec ceux qui font (de) la géobotanique, ce qui permet peut-être de remettre en cause sa réputation d'homme peu sociable. Ou plutôt, sans chercher à revenir sur son caractère, il est intéressant de voir qu'il fait partie du monde des savants de l'époque, alors que bien souvent ses détracteurs ont voulu le montrer comme un marginal.

4 - Un but : qu'est-ce-que l'espèce ?

Les savants avec qui Jordan est amené à s'expliquer sont ceux qui s'intéressent à l'espèce. Un terme dont la définition est loin d'être arrêtée en ce milieu du XIXème siècle. En fait, plusieurs théories sont en vigueur quant à l'espèce et à l'idée d'évolution qu'elle implique. Il est indispensable de rappeler ce qu'il en est alors. Sans entrer dans les détails, nous nous limiterons à citer les naturalistes célèbres qui ont marqué des décennies de réflexions et de recherches, laissant leur nom et leur théorie à la postérité. La notion d'espèce est très ancienne et il est connu que les peuples primitifs savent distinguer les espèces de leur forêt. Si l'on excepte Aristote, on peut considérer que les naturalistes commencent à décrire les animaux et les plantes de façon précise à partir du XVIIème siècle, en tentant d'établir des classifications. On procède par analogie morphologique, selon un degré d'utilité arbitraire par rapport à l'homme, comme chez Buffon, le tout restant empreint de merveilleux. La Genèse est la seule explication à ces créations, voulues par Dieu et donc immuables. Une des premières définitions de l'espèce est celle de A.L. de Jussieu (1686-1758) et c'est aussi celle de tous les anciens botanistes : "la réunion des individus semblables dans toutes leurs parties". La ressemblance morphologique a été le premier critère. On constate que les caractères distinctifs des espèces sont héréditaires et que la fécondation n'est possible qu'entre des individus identiques. C'est à Buffon (1707-1788) que revient le mérite d'avoir souligné l'importance de cette notion physiologique de fécondité. Avec lui, la définition de l'espèce s'enrichit : "la réunion des individus semblables à eux-mêmes et féconds". A la même époque, un naturaliste suédois, Carl von Linné (1707-1778), formule une classification des espèces en botanique puis en zoologie. Il adopte une nomenclature binaire : chaque être vivant est caractérisé par son genre et son espèce. Il affirme la fixité des espèces tout en admettant une certaine flexibilité sous l'influence des causes extérieures. Il ne décrit que l'espèce collective dite encore la grande espèce. Les observateurs sont étonnés par le nombre d'espèces à prendre en compte qui ne cesse d'augmenter au fil des découvertes et des études. Les critères qui servent à les distinguer deviennent de plus en plus difficiles à reconnaître et leur transmission héréditaire peut présenter quelque irrégularité.

Buffon critique le caractère, selon lui trop systématique, de la classification de Linné. Il semble admettre un transformisme limité, en particulier sous l'influence du milieu, de la nourriture et de la domestication (M. Duchet, 1971). L'espèce est-elle vraiment immuable et héréditaire ? Ou bien au contraire ne peut-elle se modifier avec le temps et les circonstances ? C'est Lamarck (1744-1829) qui doute le premier de l'immutabilité et même de l'existence des espèces ; il imagine le mécanisme de leur transformation. Nous avons vu qu'il publie une flore permettant pour la première fois, à l'aide de clés dichotomiques, de déterminer aisément toutes les plantes de France (procédé toujours utilisé). En 1800, lors du discours marquant l'ouverture de son cours sur les animaux sans vertèbres (43), il expose comment diverses espèces d'animaux et de végétaux ont pu prendre naissance en se modifiant sous l'action du milieu. Jean Rostand dit que "Lamarck établit la première théorie positive de l'évolution des êtres vivants" (44). Sa théorie repose sur trois hypothèses : la génération spontanée, la modification des espèces sous l'influence du milieu, l'hérédité des caractères acquis. Charles Darwin (1809-1882) grâce aux observations recueillies lors de ses voyages, publie en 1859 **De l'origine des espèces au moyen de la sélection naturelle** et en 1868 **De la variation des animaux et des plantes domestiques**. Il accepte aussi les idées de Lamarck mais sans leur attribuer une importance capitale. Darwin admet la variabilité des espèces et l'explique par l'action directe ou indirecte du milieu, par l'usage ou le défaut d'exercice des organes et par l'action de petites variations. Elles peuvent être brusques, spontanées, héréditaires ; c'est sur elles que joue le mécanisme de la sélection naturelle. Darwin définit cette sélection comme "la persistance du plus apte à la conservation des différences et variations individuelles favorables et à l'élimination des variations nuisibles".

Cet exposé sommaire et simplifié cherche à montrer qu'au moment où Jordan aborde la botanique, l'espèce est encore à la recherche d'une définition car celles qui existent sont loin de faire l'unanimité. A cela s'ajoute les problèmes de l'essence même de ces espèces, des origines du monde, de l'homme dans le règne animal, du pourquoi et du comment d'une possible évolution et du sens que l'on veut bien lui donner... Il existe des théories qui ont chacune leurs partisans et leurs détracteurs. Cependant, il faut bien avoir à l'esprit que les convaincus de l'une ou de l'autre sont en petit nombre, ils font figure d'extrémistes. La majorité du monde scientifique forme le "marais" ; ce sont des chercheurs en quête d'une vérité qui n'est pas toujours facile à admettre. Ils empruntent donc aux différents courants fixistes et transformistes les éléments propres à expliquer leurs démarches. Si Alexis Jordan remet en cause la définition de l'espèce chez Linné, c'est qu'il y a véritablement un manque, une lacune. Ce grand cadre, reconnu et adopté de façon universelle, ne suffit pourtant pas à tout englober et Jordan pense que ce système de classification doit être repris.

De surcroît, Charles Naudin fait remarquer en 1874 que le problème de la synonymie est au coeur des sciences morphologiques. Les recherches s'étendent, les collections s'enrichissent, les formes intermédiaires se multiplient à mesure que les naturalistes descripteurs fouillent plus avant. "Il y a, en un mot, la subjectivité, c'est-à-dire la faculté, variable d'homme en homme, de sentir et de juger" (Ch. Naudin, 1874). Jordan ne renie pas la classification linnéenne, mais son souci de précision conjugué à celui de faire éclater la vérité - celle qui affirme que toutes les espèces végétales ont été créées le troisième jour - le pousse vers un néo-fixisme original dans la mesure où l'expérimentation renouvelée vient à l'appui de ses affirmations.

II - DES MOYENS DIGNES DE SON AMBITION

Nous en venons maintenant à considérer le matériel (au sens propre comme au sens figuré) avec lequel Alexis Jordan élabore sa théorie au point de devenir chef d'école.

1 - "C'est un jardin extraordinaire..."

1.1. Le jardin dans la cité

Le jardin Jordan n'est pas un jardin d'agrément mais un véritable lieu d'étude. L'espace est soigneusement organisé ; il ne faut pas y chercher de partie ornementale, "rien n'est là pour flatter la vue, ni prairie, ni plante exotique : des allées droites, un terrain plat" (J.-V. Viviand-Morel, 1876). Alexis Jordan achète un premier jardin situé dans le nouveau quartier des Brotteaux, au bout de la rue Sainte-Elisabeth (aujourd'hui rue Garibaldi). Il est de dimensions modestes, 4 ares. A la mort d'Antoine-Noël Jordan en 1843, l'héritage de son oncle permet à Alexis d'acquérir de nouvelles parcelles à la Cité-Napoléon (rebaptisée Cité-Lafayette) sur le territoire de la commune de Villeurbanne (45). Ce champ d'expériences privilégié se situe dans un quadrilatère formé par la rue Viabert (l'actuelle rue Anatole France) et le cours de la République, dont le nom est resté jusqu'à nos jours. Il représente une superficie de 6 400 mètres carrés. Par la suite, des parcelles contiguës (trois ou quatre) sont achetées au point de représenter un domaine de près d'un hectare en 1876. Jordan acquiert le jardin d'un ancien pharmacien nommé Pelletier (46). Le jardin s'agrandit alors d'une maison d'habitation, d'un pavillon et d'une petite terre. C'est à Joseph-Victor Viviand-Morel , chef de cultures du jardin dès 1873, que nous devons la description précise des lieux (47). En fait, il explique comment est divisé l'espace, qui est une sorte de carré de 80 x 80 mètres (il ne prend alors en compte que les premiers 6 400 mètres carrés, avant les agrandissements). L'entrée, au nord, donne sur la rue Viabert, peut-être au numéro 80. Jordan fait élever des murs de trois mètres de haut pour protéger le jardin des regards indiscrets.

Il est divisé en 32 carrés égaux, chaque carré comprenant 10 plates-bandes orientées dans le sens nord-sud. Quatre allées d'un mètre et demi de largeur séparent les carrés, allant d'est en ouest. Les quatre murs abritent à leur tour chacun 8 plates-bandes, ce qui porte le nombre à 352, toutes de la même dimension. La composition du sol est très inégale. Dans certaines parties, les graviers sont à peine recouverts par 20 centimètres de terre, alors qu'ailleurs la couche arable argilo-calcaire peut atteindre plus d'un mètre d'épaisseur. Cela n'a pas beaucoup d'importance dans la mesure où les cultures se font principalement en pots. Ceux-ci sont enterrés par rang de 5-6 dans les plates-bandes à égale distance les uns des autres. Le premier pot est toujours placé au nord. Si un ou plusieurs manquent dans le rang, l'espace qu'ils devraient occuper reste libre. Cette régularité dans l'enterrage des pots assure la fidélité des relevés topographiques, car à chaque rempotage ou déplacement des plantes d'une plate-bande, un nouveau relevé a lieu. Cette division systématique et des plus rigoureuses en carrés, plates-bandes, rangs et pots permet à Jordan de mener ses observations chez lui. "Envoyez-moi le *Carex Bulba* de Crémieux qui est au 20ème carré, 2ème casson (plate-bande), 61ème pot.", écrit-il à l'un de ses jardiniers (J.-V. Viviand-Morel, 1907). Il peut en faire autant de son bureau pour chaque plante du jardin. Et quand on sait qu'il en contient entre 50 000 et 60 000... Les arbres de nos vergers et ceux des forêts de la France jettent seuls un peu d'ombre et rompent la monotonie du paysage. Une rangée de *Thuias* située au sud protège les plantes des rayons trop chauds du soleil.

Bien entendu, tous les accessoires nécessaires à la culture sont rassemblés. Outre le matériel de jardinage habituel (pelles, râteaux, sécateurs servant à la taille, au greffage, à émonder, arrosoirs, *etc.*), quatre serres (trois sont construites avant 1876), des bâches et des châssis abritent les plantes méditerranéennes qui ne supporteraient pas les hivers du Lyonnais. Des "tonneaux pour l'arrosement" recueillent l'eau de pluie et un hangar est dévolu au rempotage des plantes.

1.2. Les collections botaniques

Les collections botaniques comprennent une série générale composée d'espèces uniques, les plantes nouvellement reçues (elles demandent à ce titre souvent des soins particuliers) et les collections appelées particulières. Il existe un plan de classement bien défini sans qu'il y ait pour autant de classification systématique. "On conçoit très bien - le jardin n'étant pas public - l'inutilité d'un classement par ordre de familles, lequel rend toujours les cultures plus difficiles ; le seul rapprochement observé est celui qui repose sur l'affinité des espèces : c'est d'ailleurs le seul nécessaire pour le genre d'étude dont s'occupe M. Jordan." (J.-V. Viviand-Morel, 1876). Les séries s'établissent de la manière suivante. Les formes de la même espèce, ou du même genre lorsque celui-ci est monotype, ou de la même section quand le genre est sectionné, sont rapprochés ainsi :

1°les formes de la même localité ;

2°les semis de ces formes ;

3°les formes des localités les plus voisines, en commençant par celles des départements voisins et en s'éloignant ensuite.

Les collections particulières sont dispersées dans le jardin, chaque espèce étant cultivée à l'endroit le plus favorable possible à sa croissance. Les bulbeuses ou les rhizomateuses à repos estival sont réunies ; les espèces frileuses rentrées en hiver dans les serres ; les sortes xérophiles (amies de la sécheresse) se trouvent éloignées des bassins (spécialement aménagés) où, au contraire, sont regroupées les plantes marécageuses et aquatiques. Les collections sont formées d'un nombre plus ou moins grand d'individus de la même espèce-type (c'est-à-dire linnéenne), mais la plupart sont récoltées dans différents pays. Les provenances sont très diverses comme les carnets de semis et le **Catalogue des plantes nommées par Alexis Jordan** de Cl. Roux et A. Colomb en témoignent (Ajaccio, Evian, Quincieux, Palerme, Grenoble, Menton, Louvain, Pise, Angers, *etc.*).

Les plantes nouvellement reçues font l'objet de soins particuliers afin d'assurer leur reprise, avant de prendre place dans les collections particulières. Sous cette appellation, on entend les plantes reçues ou apportées par des correspondants et celles achetées à des établissements d'horticulture. En effet, elles ont pu souffrir lors du transport, certaines peuvent avoir des racines insuffisantes... On leur porte alors une attention spéciale : elles sont choyées, mises sous cloches, sous châssis, arrosées fréquemment si elles le nécessitent, en un mot tout est fait pour qu'elles puissent reprendre vie dans ce nouveau lieu. Quand les plantes arrivent au jardin, elles sont d'abord empotées, puis classées dans l'ordre alphabétique et par pays d'origine. Chaque espèce est ensuite munie d'une étiquette sur laquelle sont inscrits :

1°le numéro d'arrivée (ce numéro est distinct pour toutes les plantes et ne revient jamais deux fois ; il est reproduit sur une plaque de zinc). La numération ayant commencé au numéro 1 dépasse 29 000 en 1902 ;

2°le nom de la plante : genre et espèce ;

3°le nom du pays d'origine ou le nom du marchand ;

4°le mois et l'année de la réception.

Toutes les plantes reçues sont inscrites sur un registre spécial dit "livre d'arrivée". Ce registre tenu scrupuleusement à jour permet de retrouver toutes les indications portées sur l'étiquette, même si celle-ci vient à s'user, à se perdre, même si le pot est déplacé au sein d'une collection particulière pour être comparé avec d'autres individus. De plus sont mentionnées les observations sur la nature du sol dans lequel les plantes sont trouvées. Pour plus de sécurité, un relevé est fait aussitôt les plantes enterrées. On se sert des numéros de ce relevé pour la récolte des graines, ce qui simplifie les écritures. Au lieu d'inscrire 25 690 *Lonosmanthus plantagineus*, Alger 1896, on écrit pot 57 de 96.

1.3. Des semis "chouchoutés"

Les collections sont aussi composées de sujets issus de graines semées au jardin. Ces graines peuvent avoir deux origines : ce sont soit des graines récoltées sur des plantes sauvages par des correspondants, soit des graines récoltées au jardin sur des plantes reçues. Nous en arrivons ainsi aux semis qui tiennent une place importante dans les cultures jordaniennes. Ils sont faits avec un soin extrême à différentes époques de l'année. La plupart ont lieu en août-septembre pour les espèces dures à germer ; en septembre-octobre pour les espèces annuelles à cheval sur deux ans ; en mars-avril pour les annuelles ordinaires et les vivaces à germination facile, enfin en mai-juin pour les sortes aquatiques. Il arrive cependant que certains semis ne prennent pas, à cause du froid par exemple. Une seconde tentative est alors faite en serre tempérée-froide dans la première quinzaine de janvier. Les semis se font tous en pots et plus précisément en godets, les plants étant repiqués par la suite (certains peuvent cependant avoir lieu directement en pleine terre). On sème jusqu'à 4 000 espèces ou variétés par an. Comme pour les plantes reçues, les mêmes soins sont consciencieusement prodigués aux semis. Ne sont-ils pas à la base de l'affirmation des théories jordaniennes ? Toute négligence serait inacceptable. C'est pourquoi l'on utilise une chaudière d'une contenance d'un demi mètre cube qui sert à brûler la terre destinée aux semis. Celle-ci est un mélange de terre franche, de sable et de terreau en parties égales. On y ajoute cinquante litres d'eau et elle est chauffée pendant cinq heures. Ainsi préparée, la terre ne contient plus de graines de plantes qui auraient pu perturber les essais. Ce travail est effectué en hiver.

Les semis des plantes aquatiques ou marécageuses ont lieu dans des caisses en zinc étanches. Les pots baignant aux trois-quarts dans l'eau, les graines sont recouvertes de sable grossier. Les espèces de terre de bruyère sont semées en terre de bruyère. Les graines fines sont semées à part ; la terre des pots fortement mouillée recouverte après le semis d'une plaque de verre, ne s'arrose jamais. D'ailleurs, beaucoup de précautions sont prises lors de l'arrosage, afin d'éviter le passage d'une graine d'un godet à l'autre. Viviand-Morel met au point une technique simple mais efficace, laquelle consiste à recouvrir la terre du semis de sable grossier (J.-V. Viviand-Morel, 1907).

Lorsqu'une plante est germée, elle est ôtée du semis et l'espace laissé libre par le godet est comblé par du sable. Il ne faut pas voir là un excès de maniaquerie ; ce procédé permet de maintenir un degré d'humidité constant parmi les autres pots du semis. Ceux qui n'ont pas levé (comme cela peut être le cas pour certaines plantes vivaces dures à germer) sont regroupés dans une plate-bande spéciale et gardés pendant deux, voire trois ans. Viviand-Morel ajoute qu'il est très recommandable de procéder de la sorte car certaines espèces ne germent que la deuxième année du semis, comme le muguet.

1.3.1. La numération des semis

Les pots qui contiennent les graines semées ne prennent tout d'abord qu'un numéro d'ordre qui va de 1 à 1 500 s'il y a 1 500 espèces ou formes à semer. Ensuite "chaque genre semé pour son compte particulier prend autant de numéros qu'il a d'espèces, de formes ou de plantes à l'étude" (J.-V. Viviand-Morel, 1876). Figurent ainsi deux numéros : celui de la série générale composée de beaucoup de genres différents et celui des séries particulières. Pour ne pas les confondre, on fait comme suit : les plantes de la série générale ne portent que le numéro du semis et celui de l'année, par exemple n°1 semis de 1876 qu'on abrège 1 s.d. 1876. Le catalogue indique de quelle plante il s'agit. Les plantes des séries particulières prennent outre le numéro du semis et l'année, le nom du genre semé, par exemple *Dianthus* 2 s.d. 1876.

1.3.2. Les carnets de semis

La Faculté catholique des Sciences de Lyon conserve les carnets de semis, qui vont de 1858 à 1902 ; chaque carnet tient lieu de catalogue annuel des plantes semées. C'est une source précieuse qui nous renseigne d'abord sur les espèces cultivées et étudiées sur une longue période par Alexis Jordan. Ils fournissent également une foule de renseignements secondaires tout aussi importants : le lieu de provenance, celui du correspondant, éventuellement la nature du terrain sur lequel croissait la plante dont sont issues les graines (exemples : "gravier", "terrain marécageux"). D'autres détails témoignent de la minutie apportée à l'enregistrement proprement dit des échantillons ; il s'agit d'indications topographiques : "*Iberis* semées dans le 1er carré des rosiers le 12 octobre 1858 au 7ème casson, n°1 à l'ouest ; n°7 à 13, 8ème casson ; n°14 à 32, 9ème casson". Des mentions spéciales indiquent par exemple que les graines de tel semis n'ont pas levé et qu'elles ont été rempotées, leur nouvelle implantation est ajoutée. Des numéros sont délibérément laissés vacants. Nous savons que des semis sont entrepris dans l'appartement de la rue de l'Arbre-Sec : "Graines semées en godets à la maison en mars et avril 1859, n°1 à 103".

Ces carnets sont-ils de la main même du botaniste ? Il ne semble pas ; d'ailleurs il est préférable qu'ils soient tenus directement par la personne qui s'occupe des cultures. Cependant, des "annotations" sont ajoutées, tel que "mort", "est mêlée", "sur chemin", ainsi que des points d'exclamation et des tirets qui, fort probablement, servent à pointer les listes. Dans un second et dernier temps, il est fait mention de la date de repiquage du dit semis : "Graines diverses semées pour 1863. 480 *Erophila oblongata*...s.d. 1860... m/j 1860". Cela signifie que la graine appartient à l'espèce des Erophiles, que c'est une variété (*oblongata*), semée pour la première fois en 1860 et repiquée la même année. Des graines ont été récupérées sur ce plant et l'une d'elles fait à nouveau l'objet d'un semis en 1863. "m/j" est l'abréviation de "mon jardin" ; elle est très fréquemment employée, Jordan faisant sans arrêt référence aux spécimens de Villeurbanne.

1.4. D'autres jardins...

A la différence d'autres botanistes célèbres comme Buffon puis Mendel, Jordan n'habite pas dans son jardin. Celui-ci est sous la surveillance d'une gardienne, Mademoiselle Demolèze, qui loge sur place (48). Buffon est intendant du Jardin des Plantes de 1739 à 1788 et, malgré ses multiples expériences dans des domaines d'ailleurs très différents, il aime à résider au sein même de son jardin, sa véritable passion, quand il n'est pas sur ses terres de Montbard. Nous pouvons faire un parallèle entre le domaine de Montbard et le jardin de la Cité-Lafayette. Bien sûr leur taille n'est pas comparable ; cependant ce qui les anime participe du même esprit. Une incroyable volonté de percer les mystères de la nature, de vouloir par soi-même peut-être découvrir ou tout simplement redécouvrir ce que les anciens ont apporté à la science. Ce qu'entreprend Buffon en Côte d'Or, il veut (et peut) le transposer à Paris, à l'échelle de la capitale et d'un royaume dont l'esprit scientifique est reconnu au-delà des frontières. Ce qui deviendra le Muséum reçoit en masse des spécimens végétaux et minéraux du monde entier ; une ménagerie est créée à la Révolution pour favoriser l'étude de la faune. Buffon, quand il entreprend sa fabuleuse **Histoire naturelle**, a sous la main un matériel d'étude de tout premier choix. L'observateur minutieux qu'il est sait en tirer judicieusement profit. Les théories de ces deux hommes diffèrent. L'un est à la recherche d'un nouvel ordre du monde - la conception traditionnelle lui paraissant dépassée - l'autre veut réaffirmer le bien-fondé scientifique des thèses des anciens, mises à mal ou insuffisamment élaborées selon lui. Autrement dit, c'est l'homme du XVIIIème siècle qui se montre plus ouvert, bouleversant le système de la nature généralement admis, alors que le représentant du XIXème siècle semble faire machine arrière. Par contre, tous deux ont compris l'importance des expériences à mener sur le terrain pour pouvoir travailler sur des sources de première main.

Quant à Gregor Mendel (1822-1884), il est contemporain d'Alexis Jordan. Comme un certain nombre de botanistes de son époque, Mendel est prêtre ; il appartient à l'ordre augustinien. Mais il ne faut pas imaginer un moine obscur reclus dans un monastère perdu aux confins des Carpathes. A l'époque, en Moravie, des personnalités scientifiques et politiques favorisent la recherche appliquée. Une grande activité intellectuelle est suscitée par la Société d'Agriculture ; le climat est propice aux découvertes. Sa curiosité, ses études à l'université de Vienne, sa tâche de professeur de sciences à Brünn le conduisent à des recherches multiples : apiculture, météorologie, botanique. C'est ainsi qu'il entreprend huit ans durant une série d'expériences d'hybridation sur le pois. Chose frappante, l'absence de tout tâtonnement dans ses expériences, l'exceptionnelle sûreté de cet énorme plan de travail signifient probablement qu'il s'agit surtout pour lui de vérifier une hypothèse déjà élaborée. Ignorée lors de sa publication (1865), l'oeuvre de Mendel ne sera reconnue que trente-cinq ans plus tard. Il est l'un des fondateurs de la Société des Naturalistes de Brünn en 1862. Mais c'est avant tout son jardin qui nous intéresse. Dès 1830, il fait ouvrir un jardin expérimental dans l'enceinte du monastère, mesurant 35 x 7 mètres. Il y sème, année après année, des graines de pois et c'est au prix d'observations chiffrées très précises qu'il expose ses célèbres lois de l'hérédité (V. Orel, 1984).

1.5. ...un même souci de rigueur scientifique

Cette première comparaison est intéressante dans la mesure où elle montre trois hommes de science, aux parcours fort différents mais qui, dans leur démarche scientifique, font preuve d'une égale rigueur, cherchant à aller plus loin dans la connaissance de l'espèce et des problèmes qu'elle implique. Connaissant aujourd'hui l'issue et l'impact réel de leurs découvertes, nous avons tendance à négliger le fait qu'ils ont souvent fait oeuvre de pionniers, devenant par-là même chefs d'école, entraînant derrière eux disciples et détracteurs, soulevant en tout cas d'innombrables polémiques.

Un quatrième savant énonce dans son ouvrage **Introduction à l'étude de la médecine expérimentale** (1865) les règles de l'expérimentation dans les sciences biologiques. Il s'agit de Claude Bernard (1813-1878), le créateur d'une méthode d'investigation particulièrement féconde. Né près de Villefranche-sur-Saône, il est issu d'une famille de vignerons. Il reçoit une éducation plus humaniste que scientifique et entre au service d'un pharmacien à Lyon. En 1834 à Paris, il fait ses études de médecine (jusqu'en 1843) et découvre auprès de Magendie, au Collège de France, sa véritable vocation : l'expérimentation physiologique. De 1843 à 1860, une série de découvertes le rendent célèbre (recherches sur la physiologie du sang, le système nerveux, étude chimique et physiologie de la digestion, *etc.*). Il obtient à la Faculté des Sciences une chaire de physiologie générale en 1854. Les distinctions se succèdent : membre de l'Académie des Sciences (1855), professeur au Collège de France, membre de l'Académie de Médecine (1861) et de l'Académie Française (1869) (J. Rostand, 1966).

Depuis 1858, Claude Bernard travaille à l'ouvrage cité auparavant, qui doit poser les principes de la médecine expérimentale. Il n'en publie que la partie préliminaire, la maladie puis la mort l'empêchant de terminer la partie doctrinale. Le chercheur devient maître à penser :

"Toute initiative expérimentale est dans l'idée, car c'est elle qui provoque l'expérience. La raison ou le raisonnement ne servent qu'à déduire les conséquences de cette idée et à les soumettre à l'expérience. Une idée anticipée ou une hypothèse est donc le point de départ nécessaire de tout raisonnement expérimental... Si on expérimentait sans idée préconçue, on irait à l'aventure ; mais d'un autre côté, ainsi que nous l'avons déjà dit ailleurs, si l'on observait avec des idées préconçues, on ferait de mauvaises observations et l'on serait exposé à prendre les conceptions de son esprit pour la réalité." (J. Gadille, R. Ladous, 1984, p. 131).

Buffon est à l'intersection des deux systèmes de réflexion : anticipation et aveuglement s'entremêlent dans ses recherches. Doué pour la physique expérimentale, Mendel comprend l'importance de la méthodologie dans la recherche en botanique. Il mène son expérimentation selon un programme établi à l'avance et susceptible d'être vérifié et confirmé systématiquement. "L'objectif de la recherche est de travailler à partir de l'observation des phénomènes naturels, afin d'aboutir aux lois fondamentales."

(Claude Bernard, 1865). Cette phrase pourrait aller dans le sens opposé de ce que nous tentons de démontrer. Nous avons dit plus haut que Mendel a plus qu'une idée derrière la tête quand il entreprend son travail. C'est la fameuse hypothèse nécessaire, ce fil conducteur qui va au-delà de l'intuition. Quant à Jordan, la situation est complexe. Il mène ses cultures avec une rare rigueur scientifique et n'écrit-il pas :

"Les faits, dans la science, s'imposent nécessairement. Du moment qu'un fait existe, on ne peut faire qu'il n'existe pas. Ce qui est vrai ici sera vrai partout ; car il est impossible de mettre en doute la constance et la généralité des lois de la nature".

Mais il est aussi l'exemple du savant du début de l'ère expérimentale qui s'enferme dans "un système botanico-philosophique", ce qui l'empêche de dépasser le savoir reconnu. Jordan, Mendel et Bernard, trois contemporains qui méconnaissent, voire ignorent leurs travaux respectifs (*a posteriori*, nous entrevoyons à quel point leurs disciplines se recoupent). Pourtant le même sérieux scientifique, la même volonté de progrès les animent.

1.6. Les collaborateurs directs de Jordan

Ce dernier paragraphe au sujet du personnel du jardin est l'occasion d'une seconde comparaison, cette fois entre Daubenton et Fourreau, les deux fidèles collaborateurs de Buffon et de Jordan. Alexis Jordan entretient neuf personnes en 1892 rien que pour ses recherches botaniques. Autant dire que ce nombre seul confirme ce qui vient d'être dit sur la minutie et l'ampleur de ses recherches. En fait, ce sont les trois principaux collaborateurs de Jordan (ils se succèdent de 1864 à 1902), qui méritent notre attention. Nous allons tenter de faire un portrait détaillé de chacun d'eux.

1.6.1. Jules Fourreau : l'élève et l'ami

Jules Fourreau naît à Lyon en 1844 (49). Son père est architecte ; il s'adonne lui-même très jeune au maniement du crayon, plein d'admiration pour les dessins de son père. Ses études débutent à l'institution Pictet, c'est un élève studieux. Au cours des promenades familiales, il découvre le monde merveilleux de la flore et compose son premier herbier à l'âge de treize ans. Un an plus tard, il entre au collège des Minimes, où l'abbé Madenis (professeur de botanique, il entre à la S.L.L. en 1841) devine bientôt les aptitudes du jeune élève et se fait un plaisir de mettre à sa disposition son propre jardin. Le maître le présente à Alexis Jordan, lequel demande aux parents l'autorisation de le prendre à son service (E. Mulsant, 1873). Cependant, n'ayant pas terminé ses études, il n'entre chez Jordan qu'en 1862 et fait le choix d'abandonner l'architecture. Sa tâche consiste à reproduire avec fidélité les plantes et leurs caractères distinctifs. Il a également la charge de diriger dans leurs travaux les graveurs et les coloristes. Peu à peu Jordan trouve en ce jeune enthousiaste un véritable collaborateur, qu'il initie à ses propres rites botaniques à partir de 1864. L'élève finit bientôt par dépasser le maître, au point de devenir plus jordanien que le théoricien. Les choses vont loin : certains biographes vont jusqu'à parler d'une période ultra-jordanienne, pendant laquelle Jordan se laisse gagner par l'enthousiasme débordant de Fourreau. D'après M. Coquillat (50), Jordan lui donne son amitié mêlée d'une tendresse toute paternelle et nous savons combien son cercle d'amis est restreint... Fourreau herborise régulièrement dans la région et n'hésite pas un jour de

1865, au cours d'une excursion près de Montélimar, à courir quelques dangers pour y trouver un *Alyssum macrocarpum*.

Chrétien engagé, il voue un culte particulier à N.-D. de Fourvière. En 1869, il fonde avec quelques amis la Société de la Renaissance, désireuse de lutter contre un relâchement croissant des idées morales. Il en devient président et donne à cette occasion lecture de deux études : l'une sur l'influence sociale, politique et religieuse de cette association, l'autre sur la liberté de la presse. "Le style est à la hauteur de la noblesse de ses sentiments" (E. Mulsant, 1873). Durant la guerre de 1870, il se porte volontaire et est enrôlé dans l'armée de l'est. Blessé d'une balle dans la cheville au cours de la fameuse bataille de Nuits-Saint-Georges le 18 décembre 1871 et ne recevant des soins que tardivement, il meurt le 16 janvier 1871.

Fourreau signe avec Jordan deux volumes des **Icones ad Floram Europae fundamento instauradam spectantas auctoribus** et deux livraisons du **Breviarium plantarum novarum...** (1866-68). Il fait paraître seul dans les **Annales de la S.L.L.**, le **Catalogue des plantes du cours du Rhône**. Son nom est lié étroitement à celui du maître, comme l'on associe plus spécialement Daubenton aux volumes consacrés à la description anatomique des mammifères dans l'**Histoire naturelle**. Jordan est bouleversé par sa disparition prématurée ; le terme n'est pas trop fort, car 1872 équivaut à une rupture pour lui. Ses expériences sur le terrain continuent mais la publication des résultats ne suit pas. Quelque chose est cassé.

1.6.2. Peut-il y avoir un successeur à Fourreau ?

Né à Conliège en 1843, Joseph-Victor Viviand-Morel est d'origine jurassienne (51). Son père est gendarme et ce sont les changements de garnison qui l'amènent à Lyon. Elève de l'école de la Martinière, son goût pour l'horticulture se dessine vers l'âge de dix-sept ans. Il débute comme apprenti jardinier dans l'établissement de J. Labiaud à la Croix-Rousse. A Paris, il travaille chez Paré, l'un des plus célèbres horticulteurs-rosiéristes de la capitale. Après avoir ainsi parfait ses connaissances horticoles, il est nommé en 1864 sous-chef à l'école botanique au parc de la Tête d'Or. Ce cadre privilégié lui permet de compléter et d'enrichir son savoir ; il lit avec attention Linné. Mobilisé en 1870 dans la Ière légion du Rhône, il retrouve au sortir des combats son poste au jardin botanique. Remarqué par Alexis Jordan, il devient son directeur des cultures en 1873. Collaborateur zélé, il remplit ses fonctions consciencieusement, prenant de multiples précautions pour éviter les erreurs d'étiquetage et d'hybridation. Il devient un adepte fervent et convaincu des doctrines de Jordan. Doué d'un "flair" particulier, il reconnaît les espèces critiques avec une grande sûreté, grâce à un réel talent d'observation (O. Meyran, 1914). En 1879, il est membre de l'Association horticole lyonnaise. Il en devient bientôt le secrétaire général et participe en tant que rédacteur en chef à son journal le **Lyon-Horticole**. L'un des fondateurs de la Société botanique de Lyon en 1872, il est correspondant de la Société nationale d'horticulture de France, qui publie le **Bulletin de la Société française des Rosiéristes**. Botaniste hors pair, ses rapports avec Jordan se bornent à des relations de travail. Viviand-Morel fait des communications, publie des articles mais Jordan ne l'associe pas plus étroitement à ses recherches. Il aurait pu être son meilleur biographe mais il pardonne difficilement à son patron la situation, trop modeste à son gré, qu'il lui fit. Il n'expose ses griefs qu'après la mort de Jordan. Même s'il reste fidèle à la théorie jordanienne, continuant à la défendre publiquement, ses propres recherches et la mauvaise foi scientifique de Jordan face à certains résultats l'amènent à réviser son jugement. Il aurait déclaré en parlant de Jordan, qu' "il lui manque une case du cerveau". Viviand-Morel évolue vers une compréhension plus juste, plus exacte du jordanisme.

Jordan doit tenir en grande estime un autre de ses collaborateurs puisqu'il lui confie l'entière responsabilité de continuer son oeuvre après sa mort. Il s'agit de J.-Hilarion Borel qui entre à son service en 1872 et qui auparavant était professeur au collège de Gap. Il s'adonne à l'étude de la flore du Gapençais, du Briançonnais et des régions limitrophes dans les départements des Basses Alpes. La Société botanique de France (S.B.F.) le compte parmi ses adhérents ; il y joue un rôle actif. En 1897, il est dépositaire des collections botaniques, de la bibliothèque et du domaine de Villeurbanne. Jordan a prévu les subsides nécessaires ; les détails sont consignés dans le testament olographe. Borel est secondé dans sa tâche par M. Meyssat, Antoine Colomb (conservateur de l'herbier depuis 1869) et Viviand-Morel. Ce dernier figure dans le testament parmi les "autres jardiniers", sans mention spéciale. Faut-il voir là l'ombre d'une mésentente ? Toujours est-il que Viviand-Morel continue de diriger le jardin jusqu'en 1904 (Borel meurt en 1902) (M. Coquillat, 1948). Quatre jardiniers sont employés aux cultures ainsi qu'un dessinateur graveur, M. Delorme. Son travail est vraiment remarquable comme en témoignent les planches des **Icones**. Jordan, reconnaissant, légua à chacun la somme de deux mille francs.

1.7. Un jardin à l'anglaise

En 1904, se pose le problème du devenir des collections botaniques amassées. La dispersion est inévitable. Les plantes cultivées maintenant depuis près de soixante ans sont vendues à une riche anglaise éprise de botanique, Miss Wilmott. Elle possède dans le comté d'Essex un des plus beaux jardins d'Angleterre, dans lequel travaillent une quarantaine de jardiniers. En France, elle acquiert une propriété à Aix-les-Bains et s'attache particulièrement à la culture des plantes bulbeuses. C'est la première femme admise à la Société linnéenne de Londres et la Société royale d'horticulture lui décerne la médaille d'honneur de Victoria. Elle fait également partie de la Société lyonnaise d'horticulture (Ph. Lavenir, 1934).

Toutes les plantes cultivées à Villeurbanne, les innombrables observations qui en découlent, Jordan doit avoir la possibilité de les confronter avec d'autres.

2 - Une riche bibliothèque

Quand Alexis Jordan aborde la botanique, il a le souci de rassembler autour de lui les documents utiles. Pendant cinquante ans, avec patience et persévérance, sa fortune lui permet de collecter tout ce qui est susceptible d'aider ses recherches. La constitution de sa bibliothèque montre qu'il est un bibliophile averti. Ainsi réunit-il un grand nombre de publications, allant jusqu'à constituer un fonds spécialisé pratiquement unique en Europe, en tout cas chez un simple particulier. Jordan fait mention de la bibliothèque dans le testament et il semble qu'elle ait occupé tout un étage de l'appartement. Antoine Magnin rapporte que "le catalogue de la bibliothèque Jordan se compose de 5000 numéros, chaque numéro indiquant, comme c'est l'usage, un ouvrage quelque soit le nombre des volumes dont il se compose" (52). Ce catalogue original a disparu mais il existe un inventaire, qui est en fait le catalogue de la vente aux enchères de cette bibliothèque (53). Sa lecture montre un fonds consacré presque uniquement à la botanique descriptive, allant du XVIème siècle (le plus ancien ouvrage date de 1551) au XIXème siècle. Auteurs anciens et modernes se côtoient, étrangers et français, c'est-à-dire tous ceux qui ont apporté quelque chose à cette science, à commencer par le botaniste Carl von Linné. Jordan tente de réunir toutes les publications du suédois, lesquelles représentent l'équivalent de 25 lots et pas moins de 100 volumes ou tomes. Linné écrivait lui-même que "la description et la connaissance des espèces nécessitaient, pour établir les caractères des nouvelles espèces ou pour perfectionner le système, une accumulation de plus en plus grande de détails" (Ad. de Virville, 1954, p. 121). Les plus légères particularités externes des organes des végétaux sont notées ; la morphologie - on parle alors d'organographie - est à la base des travaux menés en botanique. Les classifications s'enrichissent ainsi constamment et il devient primordial de connaître tout au moins leur existence. De Candolle tient une place importante dans la bibliothèque Jordan à travers ses nombreuses monographies dont les plus réputées sont l'**Histoire des plantes grasses** et **Les liliacées** peintes par P.-J. Redouté. De Candolle travaille en collaboration avec Lamarck pour le **Synopsis Plantarum in Flora Gallica descriptarum**. Jordan possède les trois premières éditions de la **Flore françoise ou Description succincte de toutes les plantes qui croissent naturellement en France**, et la majeure partie de ses travaux. Darwin figure au catalogue par l'intermédiaire d'une publication intitulée **De la variation des animaux et des plantes sous l'action de la domestication** (Trad. Moulinié, Paris, 1868) et d'un autre ouvrage paru en 1877 (toujours à Paris) **Des effets de la fécondation croisée et directe dans le règne végétal**. Il ne faut pas oublier de citer Naëgeli, Brongniart, Seringe, Gandoger, Magnin, Méhu, Déséglise, avec qui Jordan a régulièrement l'occasion de débattre lors des réunions de travail de la S.L.L. ou de la Société d'Agriculture de Lyon. Il n'hésite pas à les prendre à partie en commentant plus ou moins durement leurs travaux et leurs écrits qu'il rassemble minutieusement, bien entendu.

Dans le catalogue de la bibliothèque Jordan, le livre de vulgarisation fait défaut. Des ouvrages généraux, des traités, des dictionnaires, des bibliographies et des biographies constituent la base du fonds et sûrement le point de départ des acquisitions. Les ouvrages traitant de botanique prélinnéenne participent de cette même volonté de réunir un matériau de premier choix. Ils datent principalement des XVIIème et XVIIIème siècles et beaucoup de ces ouvrages sont présentés comme rares. Le gros des collections est composé des flores du monde entier. C'est tout bonnement incroyable. Toutes les flores qui ont paru et qui paraissent en France à l'époque, Jordan les acquiert. Quand on sait que la flore de chaque région fait l'objet de tels travaux, on a un aperçu plus juste de l'ampleur de la documentation rassemblée. Jordan et Fourreau n'y participent-ils d'ailleurs pas à leur façon, notamment quand Fourreau publie un **Catalogue des plantes qui croissent le long du Rhône** (Paris, 1860). Cette soif de connaissances, Jordan la porte bien au-delà des frontières. Il se procure les flores de toute l'Europe occidentale (Grande-Bretagne, Scandinavie - et régions arctiques - Belgique, Pays-Bas, Luxembourg, Allemagne, Autriche-Hongrie, Suisse, Italie, Malte, les pays ibériques), sans oublier celles de l'Europe orientale (Russie, Roumanie, Bulgarie, Serbie, Turquie, Grèce). A cette liste, il faut ajouter des travaux sur les flores de l'Afrique, l'Arabie, l'Asie, les Amériques et l'Australie.

Le propre de la botanique descriptive est d'offrir à toute personne ne pouvant se rendre sur le terrain la possibilité de connaître dans le menu détail les plantes d'un endroit donné. Le support iconographique est par conséquent précieux et bien représenté dans la bibliothèque Jordan. Les catalogues des plantes de plusieurs grands jardins botaniques (Versailles, Angers, Cracovie, Copenhague, Gênes, Moscou, *etc.*) offrent à Jordan un support d'étude quotidien. Les nombreuses monographies traitant essentiellement des phanérogames (54) mais aussi des cryptogames (55) lui permettent de corroborer ses propres observations. Les travaux les plus importants sur l'anatomie et la physiologie végétales et quelques ouvrages de zoologie trouvent place dans cette bibliothèque spécialisée. Tout ce matériel lui permet d'étendre ses recherches et d'étoffer ses travaux. Enfin la section appelée "Recueils" dans le catalogue répertorie toutes les publications auxquelles Jordan est abonné. Le nombre est surprenant, près de soixante-dix en tout : actes, annales, bulletins, journaux, mémoires, revues... Comme il se doit, il reçoit les publications des différentes sociétés et académies dont il est membre (56). Il achète d'anciennes collections (**Annalen der Botanik**, 24 fascicules publiés à Zurich et Leipzig sous la direction de P. von Usteri de 1791 à 1800), en constitue de riches qui continuent quelques années après sa mort (**Bulletin de l'Herbier Boissier**, dirigé par E. Autran, Genève 1893-1899). Il ne se borne pas à des publications françaises mais porte son attention sur des publications anglaises (**Curtis's Botanical Magazine**, Londres), italiennes (**Giornale botanico italiano**, Florence), allemandes (**Just's botanischer Jahresbericht**, Berlin), suisses (**Mémoires de la Société de physique et d'Histoire naturelle de Genève**, Genève, Suisse), mais aussi autrichiennes (**Oesterreichische Botanische Zeitschrifft**, Vienne). Les fascicules sont le plus souvent reliés.

Grâce à ces sources multiples et variées, Jordan est instruit de ce qui s'est fait ou qui est en train de se faire dans sa discipline, en France comme à l'étranger. Il a sous la main à tout moment les renseignements nécessaires. Quant à l'obstacle de la langue, il est minime. Jordan maîtrise parfaitement le latin ; pour les documents en d'autres langues, il se tire d'affaire grâce à son réseau de connaissances. Sa façon de constituer une documentation est celle appliquée aujourd'hui par la plupart des chercheurs. Ils attachent une grande importance aux publications en série, qui sont à la pointe de l'information scientifique et technique. Jordan en saisit précocement la valeur.

3 - Un herbier colossal

De la même manière qu'il herborise, cultive, se documente richement, Jordan constitue un herbier. De plus en plus volumineux les années passant, il occupe un autre étage de l'appartement. Nous pouvons imaginer sans mal d'où viennent les plantes qu'il renferme. Il comprend approximativement 400 000 plantes ! Ce chiffre paraît extraordinaire, la flore française comprenant environ 4 000 à 5 000 plantes. Elles sont à la base de ce que l'on appelle l'herbier général, classé selon De Candolle. Cependant, il faut tenir compte des espèces affines et Jordan n'hésite pas à racheter les herbiers de botanistes défunts. Il entre ainsi en possession de celui de Timeroy par l'intermédiaire de Navier. Jacques Piquemal parle du plus important herbier privé d'Europe (57). Avant lui, Antoine Magnin passe en revue les collections botaniques publiques et particulières de Lyon et de ses environs (1876). Parmi les collections réunies par des particuliers, c'est incontestablement celles de Jordan qui sont les plus fabuleuses.

"Tous ces herbiers, si intéressants qu'ils soient à divers points de vue, ne supportent pas la comparaison avec celui de M. Al. Jordan. Il faut avoir vu cette collection, répartie en douze grandes pièces, pour se faire une idée de l'énorme quantité de matériaux accumulés par un savant...".

Viennent ensuite par ordre d'importance les collections de M. Lortet et M. Hénon.

Cet herbier est l'émanation, la traduction de sa conception des espèces végétales. Beaucoup sont décrites dans ses publications, cependant qu'un énorme stock de graminés provenant de ses cultures attendent de l'être quand la mort le surprend.

La Faculté catholique des Sciences de Lyon possède dans ses collections botaniques un herbier général ainsi que des herbiers particuliers, celui du célèbre abbé Cariot (58) mort en 1883 et celui de Jordan (Cl. Roux, 1947). Ballotté de déménagement en déménagement, le reclassement des parts d'herbier incombe à Louis Gianquinto et la tâche n'est pas près de manquer. Comment cet herbier parvient-il à la Faculté catholique ? Le légataire de Jordan, son cousin Camille Jordan, en fait don à l'établissement. Sont jointes des notes de travail manuscrites du botaniste, carnets de culture, diagnoses ébauchées (59), ainsi qu'un exemplaire des **Icones ad Floram Europae** de 502 planches gravées. Claudius Roux, professeur de botanique à la Faculté libre des Sciences (60), s'occupe à l'époque de la conservation de l'herbier. Le tri des plantes en double aboutit à leur vente ; l'annonce est faite par voix de presse en novembre 1903 (61). L'analyse fine et systématique de cet important ensemble reste à entreprendre et pourrait assurément apporter bien des éclaircissements sur les travaux et les théories d'Alexis Jordan.

4 - Un réseau efficace de correspondants

Les nombreux voyages d'étude entrepris par Jordan dès 1836 (Cl. Roux, A. Colomb, 1908), son adhésion à différents cercles scientifiques, ses écrits l'amènent à rencontrer un nombre croissant de personnes. Il s'en fait des amis ou des ennemis, ou en tout cas, des relations fort utiles pour ses recherches. Leur nom, le secteur géographique sur lequel ils mènent leurs propres travaux, enfin les plantes et graines faisant l'objet d'échanges sont connus à travers les carnets de semis et la "**Liste des principales séries d'exsiccata de l'herbier Jordan**" publiée par Cl. Roux et A. Colomb (1908, pp. 8-15). Ces correspondants offrent à Jordan des échantillons venant de l'Europe entière mais aussi d'Afrique, d'Amérique, de Russie...

III - SA THEORIE. SES ECRITS. LE CHEF D'ECOLE

Alexis Jordan expose sa théorie dès 1846 dans des monographies intitulées **Observations sur plusieurs plantes nouvelles rares ou critiques de la France** (A. Jordan, 1846). Le passage qui suit résume à lui seul l'idée qu'il se fait de la nature :

"Toute nature est donc immuable et invariable en soi. Toute nature distincte créée dans le temps et dans l'espace correspond à une idée distincte éternellement conçue dans l'entendement divin." (A. Jordan, 1864).

"Les fruits, légumes et céréales, vignes et autres végétaux, conservés de cette manière (par les soins de Noé, lors du déluge) seraient donc l'origine de la plupart de ceux que nous cultivons aujourd'hui. " (F. Gagnepain, 1931 ; il cite Jordan).

Il fonde toute sa théorie à partir de ces affirmations. Globalement, l'oeuvre de Jordan comporte trois temps. Ses débuts sont influencés par la S.L.L. et se font en compagnie de botanistes comme Timeroy, Chabert, Rollet, Navier, Bonnamour... Il se lance dans l'étude des espèces et c'est un élève studieux. Deux ans après l'achat du jardin de Villeurbanne, il publie ses premiers résultats ; ses idées s'affirment. Ainsi assiste-t-on à la naissance de l'école jordanienne dans les années 1850. L'ère jordanienne se divise elle-même en deux périodes dont la date charnière est 1873. Il convient de rappeler que Jules Fourreau seconde le maître à partir de 1864 ; les biographes parlent de néo-jordanisme, période pendant laquelle on tend à une multiplication exagérée des espèces. Les botanistes appelés "condensateurs d'espèces" donnent aux "pulvérisateurs" d'espèces le surnom de "trichoscopes", qui signifie compteurs de poils (J.-E. Planchon, 1874, p. 404). Lors du congrès de l'A.F.A.S. (62) à Lyon en 1873, Jordan tire une sorte de conclusion générale des travaux qu'il mène maintenant depuis près de quarante ans. Les cultures continuent, de nouvelles observations s'accumulent sans que rien ne soit pour autant publié par la suite, comme nous l'avons vu.

Temps 1 : Sur les traces de Timeroy

Eveillé par les remarques de Timeroy concernant des formes nouvelles, Jordan note avec minutie les différences qu'il constate dans les individus de provenance ou de station diverses (63), considérés alors comme des variétés ou de simples variations accidentelles d'une même espèce ou encore passées inaperçues (Ant. Magnin, 1906, p. 99).

"M. Timeroy, botaniste lyonnais très instruit, auquel je suis redevable de beaucoup d'utiles renseignements sur les plantes des environs de Lyon et dont les conseils éclairés et les observations judicieuses m'ont été d'un grand secours pour l'étude d'un bon nombre d'espèces critiques". (A. Jordan, septembre 1846, p. 84).

Charles Naudin reconnaît chez Jordan un don d'observation particulièrement développé (Ch. Naudin, 1874). En étudiant de près la flore lyonnaise, Jordan arrive à la conclusion que les espèces dites linnéennes sont des groupes de formes diverses réunies sous une même dénomination et non des types uniques et exclusifs, ce qui est admis par la majorité des botanistes. Dans ses premiers écrits, il montre le polymorphisme de certaines espèces, alors qu'au même moment le courant transformiste commence à se préciser. Ce dernier tire argument de la variation des caractères morphologiques qui surviennent au sein d'une même espèce. Mais Jordan ne démord pas d'une lecture littérale du récit de la Création. Pour lui, le critérium de l'espèce est la constance héréditaire de ses caractères, même les plus infimes. Cette constance, il faut la rechercher et la contrôler par une culture prolongée et méthodique. "Partout et toujours, on a cru à la diversité originelle des types spécifiques et on a pris pour critérium de la distinction des espèces l'hérédité et l'invariabilité des caractères." (A. Jordan, 1873, p. 206). Le but de toutes ses expériences est donc de prouver leur immutabilité. Il commence à travailler sur quelques types de violettes et de crucifères (64). Il croit que plus il comptera d'espèces méconnues dans chacun des types conventionnels, plus sera frappante sa démonstration (Dr Saint-Lager, 1897). Révisant la classification admise, Jordan utilise un vocabulaire nouveau. Aux espèces, races, variétés, sous-variétés, il préfère espèces affines, critiques, rares, spécifiques, élémentaires. D'autres auteurs parlent de leur côté de petites espèces, de sous-espèces et bien entendu d'espèces jordaniennes. Le mot "jordanien" devient synonyme de créateur acharné d'espèces et de compteurs de poils, expression que nous devons à Julien Constantin (Cl. Roux, 1909, p. 11). Jordan n'a pourtant nullement l'intention de substituer son système à celui de Linné. Il déclare à plusieurs reprises qu'il ne faut pas modifier les cadres de la systématique appliqués par des générations de botanistes, sans pour autant tirer des conclusions définitives du seul rapprochement de mots ayant une valeur conventionnelle (L. Blaringhem, 1911, p. 88).

Timeroy présente son ami entomologiste Pierre Mulsant (1797-1880) à Jordan. Il est professeur d'histoire naturelle, conservateur de la bibliothèque et correspondant de l'Académie des Sciences (Ant. Magnin, 1906, p. 106). C'est lui qui parraine Jordan pour son élection à la S.L.L. le 11 août 1845. En 1852, c'est au tour de Jordan de présenter à la S.L.L. le fils de Mulsant, qui est élu à l'unanimité. La consultation des procès-verbaux de la S.L.L. montre un Alexis Jordan soucieux de prendre part aux activités de la société (65). Les réunions ont lieu une fois par mois, commencent aux alentours de 6 heures du soir et durent une bonne heure. Jordan participe également aux excursions botaniques organisées par la S.L.L.

La candidature de Jordan à la Société d'Agriculture de Lyon est acceptée au premier tour le 11 juin 1847. En mars 1849, M. Caquet d'Avaize, habitant 6 rue Sala, donne sa démission ; il est probablement parent avec Alexis et a dû l'encourager dans son parcours botanique. Jordan en 1850 fait partie du bureau en tant que secrétaire-adjoint. Aux côtés de ses amis Mulsant et Timeroy, il prend une part active à l'essor du groupe.

Temps 2 : L'âge mûr

1 - Ses publications (66)

Les publications d'Alexis Jordan s'échelonnent de 1846 à 1873 ; Camille Jordan fait publier la seconde partie du deuxième tome des **Icones** et le troisième de ces mêmes **Icones** en 1903. L'achat de son jardin et sa mise en culture rendent possible ses premières parutions. Il en fait part à la S.L.L. comme il est d'usage. Par ailleurs, il participe aux catalogues de graines des jardins botaniques de Dijon et de Grenoble en 1848-49. Toute une série de monographies sur de nouvelles formes voit le jour (A. Jordan, 1850). Grâce au réseau des sociétés savantes, ses travaux sont divulgués et reconnus. Schültz l'insère dans ses **Archives de la flore de France et d'Allemagne** en 1851 et 1854. Son nom apparaît dans d'autres flores publiées alors, comme celles de Grenier et Godron (67), de Billot ou encore celle de Boreau (68). Deux importants mémoires sont publiés par l'Académie de Lyon : **Pugillus plantarum novarum praesertim gallicarum** en 1852 et **De l'origine des diverses variétés ou espèces d'arbres fruitiers et autres végétaux généralement cultivés pour les besoins de l'homme** en 1853.

Il étudie l'*Aegilops triticoïdes* (69), élevé au rang de "bonne" espèce et lui consacre en 1856 et 1857 deux mémoires dans lesquels, une fois de plus, il réaffirme son point de vue. En fait, Requien a découvert en 1821 à Nîmes une nouvelle forme d'*Aegilops* qu'il a nommé *triticoïdes* pour exprimer certaines ressemblances avec le blé cultivé ; c'est une graminée de petite taille du Midi de la France. Il y eut une controverse entre divers auteurs (Godron, Fabre) au sujet de la parenté immédiate et de la filiation directe de certaines variétés de blés avec cette petite herbe. Ils voient dans cette plante une forme de passage entre l'*Aegilops ovata* (70) (l'*Aegilops* sauvage est la plus commune dans le Midi) et le blé Touzelle.

En 1866 et 1868, Fourreau et Jordan publient le **Breviarium plantarum novarum**... La bibliothèque municipale de la Part-Dieu à Lyon en possède un exemplaire.

Les années passant, Jordan expose d'une manière plus tranchée encore sa théorie. Ses positions n'ont pas changé, il est très affirmatif quand il proclame l'immutabilité des caractères appartenant aux types démembrés des espèces linnéennes.

1.1. Un véritable testament botanique

Remarques sur le fait de l'existence en société, à l'état sauvage, des espèces affines végétales, et sur d'autres faits relatifs à la question de l'espèce constitue une sorte de testament botanique. Il paraît en 1873 et est lu par son auteur lors du congrès de l'A.F.A.S. réuni à Lyon le 23 août de cette même année. Jordan y fait le bilan de son oeuvre. Il commence par expliquer les raisons de son entreprise, à savoir le problème de la délimitation exacte des espèces :

> "L'étude que j'ai faite des plantes de la France, pendant un grand nombre d'années, m'a mis dans le cas de constater l'existence de très nombreuses espèces, c'est-à-dire de formes végétales distinctes et permanentes, qui jusque-là n'avaient été observées par les botanistes ou avaient été méconnues et négligées par eux."

Cultures à l'appui, il énonce que les espèces voisines vivant en société n'ont aucune tendance à s'hybrider spontanément (il fait largement allusion aux *Aegilops*). Leurs caractères se transmettent héréditairement comme le prouvent selon lui les deux cents espèces d'*Erophila* (71) établies aux dépens du seul *Draba verna L.* qu'il reproduit chaque année par semis. Il en vient à attaquer la théorie darwinienne et ses adeptes (les "sectateurs") qui prônent la sélection naturelle. Etant inconsciente, la sélection naturelle n'est pas un choix et n'est donc rien par elle-même. Il ajoute : "Ce sont eux les plus grands ennemis du progrès scientifique". Jordan fait ensuite le procès de l'influence des écrits de Linné et des "botanistes réducteurs", qui ont rendu stationnaire l'étude des espèces : "On peut être aveuglé par le parti pris ou par des idées systématiques", ne manque-t-il pas d'écrire. Enfin, il insiste sur le peu d'utilité que présente l'emploi du microscope dans la distinction des espèces affines. La différenciation des espèces se fait à partir des caractères extérieurs, "ceux qu'on peut reconnaître à la vue simple ou à l'aide de la loupe, en étudiant la plante à l'état de vie, dans ses divers organes et aux diverses époques de son existence". Le procédé n'est cependant pas à écarter complètement, il peut servir "dans l'établissement de coupes génériques nouvelles".

Ce texte constitue un parfait résumé des pensées du botaniste. Jordan ressent le besoin de faire le point et s'il le fait en cette année 1873, ce n'est pas par hasard. Fourreau est mort maintenant depuis deux ans. Cette date charnière prend tout son sens quand on connaît la suite qu'Alexis Jordan apporte à son oeuvre. Tout est ici condensé, expliqué dans un langage clair et cohérent. Sa logique implacable, il trouve le moyen de la mettre en valeur dans des situations fort différentes et il n'hésite pas à s'exprimer sur les critiques que l'on a déjà pu lui faire et celles qui ne devraient pas tarder à fuser.

1.2. Merci, Monsieur Jordan

La publication la plus prestigieuse est sans nul doute celle des **Icones ad Floram Europae...** (A. Jordan, J. Fourreau, 1866-68). Les plantes figurées dans cet ouvrage (en tout près de 500 planches) sont :

1° les espèces nouvelles ou critiques signalées antérieurement par Jordan, notamment dans le **Pugillus plantarum novarum praesertim gallicarum** (1852) et dans la première partie des **Diagnoses d'espèces nouvelles ou méconnues** (1860) ;

2° celles parues dans la suite de cet ouvrage, ainsi que dans le **Breviarium...** (1866-68) ;

3° les plantes rares ou critiques citées par plusieurs auteurs, peu connues ou dont il n'existe pas encore de figures.

Les plantes en question appartiennent essentiellement à l'Europe occidentale, mais on peut en trouver d'Asie ou d'Afrique. Toutes, à de très rares exceptions près, sont dessinées et coloriées d'après nature. Il s'agit de planches gravées sur cuivre, format in-quarto, accompagnées d'une feuille de texte du même format. Les planches sont munies d'un numéro d'ordre qui correspond à l'ordre des livraisons. En effet, la publication se fait à partir de 1866 à raison de cinq planches par livraison (une ou deux paraissent chaque mois). Les trente premières forment le premier volume qui est accompagné d'une table des matières. La localisation précise des spécimens est toujours indiquée. Les dénominations génériques anciennes sont généralement conservées. Dans le but de les rendre plus faciles à étudier et à comparer, les plantes critiques sont rapprochées par petits groupes de formes similaires. H. Navier, naturaliste et très bon latiniste, aide son ami Jordan à corriger les épreuves de cette grande entreprise . Fourreau reconnaît en ces termes les mérites de Navier : "J'ai trouvé en lui un critique éclairé et un conseiller prudent, et je dois à son savoir varié ainsi qu'à la rectitude de son jugement la connaissance d'un grand nombre de genres anciens." (72)

Les deux premiers tomes publiés du vivant de Jordan et de Fourreau se trouvent à la bibliothèque municipale de la Part-Dieu à Lyon. Ces planches, réalisées principalement par Delorme, sont de pures merveilles. Ce sont des dessins où l'exactitude scientifique s'allie à la beauté artistique. Il est regrettable que la ville natale de Jordan n'en possède pas le troisième tome qu'il faut aller consulter à la Bibliothèque Nationale de Paris ou au Jardin botanique de Genève. Louis Gianquinto, bibliophile à ses heures, feuillette depuis des années les catalogues de vente dans l'espoir de le trouver... Claudius Roux rapporte qu'à la mort de Jordan, près de 15 000 dessins sont prêts à être gravés (Cl. Roux, 1909). Ce sont des aquarelles de 25 x 33 centimètres, corrigées et annotées, qui remplissent cinquante-cinq cartons de 200 à 250 planches chacun. Une partie de cette colossale oeuvre iconographique est exposée par les soins de Blaringhem à l'Exposition internationale (classe X : Recherches scientifiques) de 1937. Légués à la Société botanique de France, ils devaient former une deuxième partie des

Icones. Malheureusement, ils se sont évanouis dans la nature, ce qui constitue une bien grande perte (F. Pellegrin, 1937).

2 - "Le style, c'est l'homme."

Alexis Jordan décrit de façon remarquable les diagnoses sur lesquelles patiemment il mène ses expériences. Ses textes dénotent une grande habileté à expliquer dans les moindres détails ses observations. Son savoir est étendu, son langage précis. Son **Nouveau mémoire sur la question relative aux *Aegilops triticoïdes* et *speltaeformis*** (1857) offre des exemples de son incomparable souci d'exactitude. Il prend la peine de compter le nombre d'épillets (petits épis secondaires régulièrement groupés sur l'axe central d'un épi composé) ordinairement de 9 à 13 dans l'épi de l'*Aegilops speltaeformis* (73), et qui est de 5 à 7 dans celui de l'*Aegilops triticoïdes*. Il distingue leur écartement de l'axe, plus ou moins important, leur forme plus ou moins convexe ou au contraire aplatie. Les glumes (enveloppes des fleurs de graminées, puis de leurs graines), leur forme rétrécie dans la partie supérieure, le fait qu'elles soient plus ou moins ventrues sont autant d'éléments distinctifs pour Jordan. Tiges, feuilles, arêtes, nervures, stries et taches qui ornent les fleurs, forme et longueur des éperons (prolongement en cornet effilé du calice, de la corolle ou des pétales d'une fleur), courbure des styles (partie allongée du pistil et du carpelle entre l'ovaire et le ou les stigmates), taille des graines, tout fait l'objet d'examens minutieux. Le ton est ferme, parfois violent, comme le sont d'ailleurs les auteurs à l'époque entre eux. Il n'hésite pas à écrire que les utopies de M. Raspail prouvent qu'il a "un cerveau malade" et que le jardinier Fabre a commis une erreur dont la cause est "incroyable et monstrueuse" (M. Denizot, 1987). A propos de Godron, il dit qu'"il est impossible, quand on a l'esprit sain, de voir des ressemblances lorsqu'en réalité elles n'existent pas..." (A. Jordan, 1857, p. 62). Dans ce mémoire sur l'*Aegilops*, Jordan manie allégrement l'ironie à l'encontre de Godron (il parle de ses prédictions) et d'Ernest Fabre ! (A. Jordan, 1857, p. 73).

Après le jardin d'expérimentation et le compagnon d'étude, une troisième comparaison s'impose à propos du style. Jordan a dû avoir connaissance du fameux **Discours sur le style** prononcé à l'occasion de l'entrée de Buffon à l'Académie française en 1753. Plutôt que de faire l'éloge de son prédécesseur (Jean-Joseph Lauget de Gergy, archevêque de Sens), Buffon préfère examiner ses idées sur le style. Il édifie une théorie, formule des règles, propose une rhétorique. Le style est "l'ordre et le mouvement qu'on met dans les pensées, d'où la nécessité du plan issu de la méditation". Il ajoute : "Bien écrire, c'est tout à la fois bien penser, bien sentir et bien rendre". Cette autre phrase, tout en ayant trait au style, s'applique un siècle plus tard aux idées professées par Jordan : "Tout sujet est un". La clarté est à ce prix. Buffon en trouve la preuve dans le fait que si les ouvrages de la Nature sont parfaits, c'est qu'elle travaille sur un plan éternel dont elle ne s'écarte jamais.

Quelles sont les préoccupations théologiques (spirituelles) de Mendel quand il prend la parole en février 1856 devant la Société des naturalistes de Brünn ? En tout cas, son intervention est un modèle de discours expérimental, même si l'auditoire est un peu décontenancé par la succession de formules mathématiques. Mendel lit son manuscrit en accompagnant ses propos de démonstrations (74). Les démonstrations de Jordan, ce sont les expériences culturales qu'il n'a de cesse de renouveler et qu'il relate admirablement.

3 - Un accueil mitigé

3.1. Les adeptes

Sa démarche, son style sont convaincants et Jordan ne tarde pas à faire des adeptes. Son érudition, son honnêteté scientifique sont reconnues. Antoine Timeroy meurt en 1856, après avoir été à l'origine d'un grand nombre de vocations. Jordan reprend le flambeau , assurant la succession. A Lyon, il est le chef de file de botanistes comme Pierre Chabert (ami de Timeroy) qui "isole" de nouvelles formes de roses, comme Marc-Antoine Rollet, l'abbé Boullu, Déséglise. Correspondant assidu, ce dernier envoie au maître de nouveaux échantillons et Jordan le remercie en donnant son nom à une espèce de rose : *R. assimilis Desegl.* François Cenas travaille chez Jordan au moment de la création du jardin avant d'entreprendre des études de médecine. Il adhère de bonne heure au jordanisme (75). Pierre Court est préparateur-conservateur au jardin de Villeurbanne de 1855 à 1888. Il assiste à l'élaboration des conceptions jordaniennes, il y adhère (Ant. Magnin, 1906, p. 104). Ses disciples sont donc des botanistes qui n'acceptent pas les théories transformistes et qui trouvent le cadre linnéen trop étroit. Alexandre Boreau (1803-1875), qui dirige le jardin des plantes d'Angers, adopte en partie les idées de Jordan. Il augmente le nombre des espèces dans la deuxième édition de sa remarquable **Flore du Centre de la France** et encore davantage dans la troisième édition de 1857. Très conservateur, A. Clavaud dans sa **Flore de la Gironde** (1883) analyse les espèces de plusieurs genres et montre la valeur de certaines entités méconnues ou créées par Jordan (Ad. Davy de Virville, 1954, pp. 259-260). Le cas d'Alexandre Godron (1807-1880) est un peu particulier. Professeur à Nancy, adversaire déclaré du transformisme, il propose ses propres thèses sur l'espèce dans un ouvrage qui paraît en 1859. Pourtant, il ne cite à aucun moment les travaux du botaniste lyonnais, alors qu'il travaille lui-même sur l'*Aegilpos speltaeformis* et qu'il correspond avec Jordan depuis 1853 environ (A. Jordan, 1857). Fixistes tous les deux, ils s'opposent quant à la nature des *Aegilops* (A. Jordan, 1873).

A l'extérieur sa renommée grandit pareillement par le biais du réseau des sociétés savantes. Des savants comme Darwin font état de ses travaux, mais, d'après Blaringhem, Darwin n'aurait lu que le **Mémoire sur l'origine de diverses variétés d'arbres fruitiers** publié par l'Académie de Lyon en 1852. Jordan publie un travail sur les pensées sauvages en 1848 et Darwin en 1868 précise, qu'après avoir comparé un grand nombre de variétés de cette fleur (*V. lutea*, *V. tricolor*) :

"Je renonçai à la tentative comme trop difficile pour quiconque n'est pas botaniste de profession. La plupart des variétés présentent des caractères si inconstants que lorsqu'elles poussent dans des terrains pauvres ou qu'elles fleurissent hors de leur saison ordinaire, elles produisent des fleurs plus petites et différemment colorées...".

Cependant, Jordan et après lui Wittrock (en 1903) démontrent l'absolue fixité de ces types de *Viola* (76) (L. Blaringhem, 1911, p. 88).

3.2. Entre les deux...

Il faut faire la distinction entre les adeptes de sa méthode et de ses conceptions métaphysiques et ceux qui lui sont reconnaissants d'éclairer certains points restés dans l'ombre, sans pour autant tout accepter. En ce début des années 1870, la question sur l'espèce, ses limites et ses conséquences sur l'évolution sont loin d'être réglées. Les savants s'interrogent, les études et les articles se multiplient. Chantre de la botanique descriptive, si l'on peut dire "nouveau style", Jordan fait office de "relanceur" de débat. Les polémiques vont bon train. En octobre 1874, Charles Naudin (1815-1899) fait paraître dans le **Bulletin de la S.B.F.** une communication dans laquelle il aborde les espèces affines et la théorie de l'évolution. Le congrès de l'A.F.A.S. s'est tenu à Lyon un an auparavant et la question de l'espèce est plus que jamais à l'ordre du jour. Naudin rencontre Jordan et a l'occasion de visiter le lieu devenu légendaire qu'est le jardin de Villeurbanne. Tout d'abord, Naudin parle d'une façon générale de la subjectivité du savant quand il nomme une plante et des dérapages que cela implique dans la classification (problème de la synonymie, p. 243). Il est d'accord avec le fait que les espèces de Linné soient des assemblages de formes affines mais ajoute que la question est de savoir si elles sont réellement indépendantes, sans parenté originelle, immuables ou s'il faut les rattacher aux races ou aux variétés. Darwinien de la première heure, il sait reconnaître la valeur des travaux jordaniens :

"Les cultures de M. Jordan prouvent que les espèces élémentaires existent et conservent leur autonomie sans se confondre et sans s'hybrider comme il convient à de bonnes espèces".

Chrétien attaché aux traditions de la Bible, Naudin en analyse les symboles et ne trouve pas qu'il y ait contradiction à accepter une théorie transformiste.

J.-E. Planchon publie dans la **Revue des Deux-Mondes** en septembre 1874 un article intitulé : "Le morcellement de l'espèce en botanique et le Jordanisme". Il débute par cette phrase : "La question de l'espèce est celle qui de nos jours divise et passionne le plus les naturalistes". Parmi eux, il distingue trois groupes : les transformistes, les partisans de l'immutabilité absolue et les partisans d'une variabilité limitée. Après des rappels historiques sur la notion d'espèce, il en arrive à la nouvelle doctrine née à Lyon et due à Jordan. Il tente de l'expliquer dans le détail. Une telle approche est significative du malaise qui existe. Planchon résume la situation, sans être à même de pouvoir trancher. Le flou demeure et sa conclusion se veut "réconciliatrice" dans la mesure où il veut voir entre les deux positions extrêmes sur l'espèce une possible passerelle !

La dernière publication de Jordan (1873) suscite un grand nombre de réactions comme nous pouvons nous en rendre compte. Toutes les tendances s'expriment évidemment, mais ce qui est particulièrement frappant, c'est que chacun tend à placer le débat sur le terrain théologique. Dans cette ligne de pensée, Germain de Saint-Pierre exprime sa position en 1876, en réponse à Jordan, Naudin, Planchon et l'abbé Boulay. "Les lois divines sont immuables, et l'une de ces lois apparaît être la transformation incessante de la substance de l'univers, l'évolution des mondes et l'évolution des êtres comme individus et comme espèces." (Germain de Saint-Pierre, 1876).

Enfin en 1896, Paul Parmentier continue à se pencher sur le problème des espèces critiques ou litigieuses. Pour lui, l'anatomie et la morphologie jouent un rôle effectif dans la détermination de ces espèces ; leur combinaison est la seule vraie méthode applicable en botanique systématique. Il distingue les caractères d'ordre qualitatif et ceux d'ordre quantitatif. En résumé (sa démonstration est longue et détaillée :

1° une plante litigieuse ne peut être qualifiée d'espèce si elle ne diffère (de ses voisines) que par des caractères quantitatifs.

2° Un caractère qualitatif, reconnu constant et acquis, est nécessaire et suffisant pour donner à une forme végétale son rang spécifique.

3° Si une plante litigieuse diffère de ses voisines par l'observation de caractères d'adaptation au milieu physique, on est en présence d'une variété ou d'une forme secondaire. Rien de bien neuf dans ces phrases, un an avant le décès de Jordan.

En fait, tous ces auteurs ne partagent pas les idées de Jordan mais reconnaissent les valeurs qui font de lui un savant. Ils respectent son travail, présumant qu'il est dans l'erreur, mais alors la science seule ne peut tout expliquer. Jordan est imité, mais pas toujours dans les règles de l'art qui président à ses recherches. Certains auteurs calquent leur façon de voir sur les conclusions jordaniennes, sans avoir pris la peine de passer par le crible de la culture suivie. Ces imitateurs, précise Claudius Roux, ajoutent un peu plus au discrédit de Jordan (Cl. Roux, 1909, p. 12). En effet, durant les vingt dernières années du siècle, les auteurs se font beaucoup plus critiques et leurs propos deviennent plus virulents. La science a progressé. Si dans la première moitié du XIXème siècle être l'un des tenants du fixisme n'est pas chose extraordinaire, continuer de l'affirmer haut et fort à l'aube du nouveau siècle fait figure d'archaïsme. Le nombre des détracteurs du jordanisme s'est accru. Leurs remarques se fondent désormais sur des faits scientifiquement prouvés.

3.3. Les détracteurs du jordanisme

3.3.1. A propos du polymorphisme

Il existe dans la nature des plantes spontanées, dites espèces polymorphes, qui sont sujettes à la production d'espèces secondaires ou de variétés (exemples : espèces appartenant aux genres *Rubus, Rosa, Sempervivum* (77), *Hieracium* (78), *Atriplex, etc.*). Les plantes non polymorphes, selon les circonstances, peuvent donner naissance à des formes secondaires qui s'éloignent plus ou moins de la forme typique. La production de sous-espèces ou espèces affines est à ce titre envisageable. Ces rappels sont faits par Germain de Saint-Pierre lors de son étude de 1876. On pourrait penser que tous les botanistes sont d'accord sur cette définition... Les travaux de Jordan ne l'amènent pas aux mêmes conclusions. Il découvre les plus petites différences au sein d'espèces reconnues jusque-là monotypes. Il multiplie d'autant le nombre des espèces et l'ampleur du phénomène, si l'on va au bout des idées jordaniennes, provoque quelque peu la crainte des naturalistes.

3.3.2. Un nombre supérieur à 200

Jordan s'applique à dissocier de nombreuses espèces ; l'exemple le plus célèbre est celui de la petite crucifère *Draba verna*. Il découvre 50 espèces affines de cette seule espèce linnéenne dans la région de Lyon. Ce chiffre dépasse les 200 lorsqu'il étend ses investigations à toute la France et à l'étranger.

Charles Naudin dit que le nombre des espèces de la planète pourrait ainsi être décuplé et même centuplé (Ch. Naudin, 1874, p. 241 et p. 269). Ce qui fait dire au spirituel abbé Dulac :

"Dieu créa les plantes le troisième jour : Jordan, lui, crée tous les jours ; car sous la loupe du terrible déterminateur lyonnais, les espèces se sont multipliées au-delà des nombres imaginaires." (Abbé Dulac, 1886).

La plupart des auteurs préfèrent parler de polymorphisme végétal, exemple de la variabilité des espèces sous l'action du milieu et de l'homme. Jordan reconnaît ces influences : "Il existe certaines relations entre l'organisation des végétaux, entre leurs conditions d'existence ou de développement, et les circonstances de climat et de sol." (A. Jordan, 1850, p. 7). Ce rapport (79) est une lettre ouverte à J. Thurmann (80). Ce dernier s'occupe de l'étude des agents extérieurs et de leur influence sur la végétation du Jura, c'est-à-dire de phytostatique, terme qu'il crée, synonyme de géographie botanique (81). Jordan rejoint le point de vue de Thurmann. "Selon moi, la raison, d'accord avec l'expérience, démontrent que ces rapports n'ont point un caractère de nécessité absolue, mais seulement de convenance et d'appropriation." (A. Jordan, 1850, p. 8). D'autres causes déterministes sont avancées par les transformistes et si Jordan accepte de prendre en considération l'influence des conditions extérieures, il refuse catégoriquement l'idée de la sélection naturelle et ce qu'elle impliquerait.

"Il n'y a rien qui autorise à penser que les formes ont surgi par l'effet de lois nécessaires... Tout nous révèle, au contraire, l'action d'une intelligence souverainement libre et indépendante qui semble se complaire non moins à perfectionner son oeuvre qu'à produire en elle la variété, comme pour mieux attester sa spontanéité absolue, son inépuisable fécondité".

Il n'y a pour lui, ni grosses ni petites espèces, ni races, ni variétés ; il n'existe que des lignées, dérivant à l'origine d'une plante ou d'un couple unique, immuables dans leurs caractères (L. Blaringhem, 1911, p. 87). Il devient ainsi très important d'étudier la dispersion des espèces à la surface de la terre, laquelle repose selon Jordan sur deux éléments : l'extension de la dispersion et la quantité de la dispersion.

Germain de Saint-Pierre donne pour sa part cette définition : "Les espèces polymorphes qui s'irradient en espèces affines, loin d'être un embarras pour le naturaliste philosophe, lui donnent en quelque sorte, la clef du mode de production des types spécifiques". (Germain de Saint-Pierre, 1876). Quand on évoque le polytypisme, se pose de façon sous-jacente la question des variétés, des hybrides et des races. C'est sur ces terrains précis que portent de plus en plus la critique. Jordan ne manque pourtant pas d'arguments et fait face.

3.3.3. Les variétés

Le dictionnaire de botanique élaboré par Bernard Boullard en donne cette définition :

"Subdivision d'une espèce qui regroupe les individus appartenant indiscutablement à cette espèce, mais qui révèlent en commun un (ou quelques) caractère(s) que ne possèdent pas les autres représentants de l'espèce. Souvent l'aire naturelle d'une variété est nettement plus réduite que celle de l'espèce tout entière." (B. Boullard, 1988).

Avant Lamarck et Darwin, l'apparition de variétés au sein d'une espèce est un phénomène connu. Linné prévoit l'objection qu'on peut en tirer contre le dogme de la fixité des espèces et dit que le botaniste sérieux ne doit pas s'en préoccuper (L. Blaringhem, 1911, pp. 81-82). Ses successeurs finissent par se mettre d'accord sur la définition des termes : dans chaque famille, les différences très importantes sont des caractères de l'espèce, les différences légères, des caractères de variétés. Ces caractères plus ou moins fugaces ne peuvent être conservés que par la greffe et le bouturage (Cl. Roux, 1909, p. 23). Parmi elles existent les formes locales qui sont interprétées comme des passages graduels et insensibles. De là à conclure que la transformation des espèces se fait par ces variétés intermédiaires, il n'y a qu'un pas que franchissent très vite les adeptes du transformisme. Quelle est la position des partisans de la fixité ? Ils sont bien embarrassés et à l'exemple de Linné, ils affirment qu'il s'agit là de considérations secondaires. Jordan a conscience des abus qui peuvent découler d'une notion vague et opportuniste de la variété :

"Nous savons trop combien le mot variété est précieux, combien il est utile pour tirer immédiatement d'embarras l'esprit le plus perplexe... Ce mot dispense d'étude, de réflexion, d'expérience ; il tient lieu de tout, il répond à tout." (A. Jordan, 1857, p. 49).

3.3.4. Les hybrides (82)

Jordan constate le phénomène d'hybridation, mais il refuse qu'on emploie ce terme à propos de ses espèces affines. Il s'obstine à croire que "l'hybridité s'opère presque toujours entre des types tranchés". Il cultive pendant vingt ans une quinzaine de formes de l'*Aegilops ovata L.*, toutes réunies dans un même périmètre, ressemant chaque année leurs nouvelles graines. Il note : "Les espèces n'ont aucune tendance à s'hybrider entre elles spontanément" (A. Jordan, 1873, p. 200). Sa position vis-à-vis des hybrides est nette : ce sont des déviations monstrueuses, trop souvent stériles ou d'une fécondité bornée. Ils s'éteignent ou reviennent au type des ascendants par la loi de l'atavisme (J.-E. Planchon, 1896, p. 400). L'action de l'homme peut en décider autrement ; les établissements d'horticulture en savent quelque chose et en tirent parti. "Mais pour le botaniste qui cherche à délimiter les espèces, c'est un véritable fléau ; car l'hybridité introduit la confusion et le chaos là où elle joue un rôle et donne des produits fertiles." (A. Jordan, 1873, p. 203). Que préconise-t-il alors dans ce cas ? Tout simplement de détruire les sujets hybrides et de jeter leurs graines. Jordan a une idée préconçue : les hybrides ne peuvent donner naissance à des formes stables (L. Blaringhem, 1919, p. 107). L'hybride périt nécessairement dès la première génération s'il est abandonné à lui-même. Il écrit que les expérimentateurs en hybridation sont remarquables par "la nullité de leurs connaissances en botanique (qui) ôte toute valeur aux jugements qu'ils portent sur les modifications (obtenues)". (A. Jordan, 1857, p. 5).

3.3.5. Les races

Jordan refuse l'amalgame fait par ses détracteurs entre espèces affines, hybrides ou encore variétés :

"Si les espèces affines n'étaient pas de vraies espèces, elles ne pourraient recevoir d'autre qualification que celle de races, puisqu'on entend par races des variétés d'un même type qui sont devenues fixes et héréditaires". (A. Jordan, 1873, p. 207).

Il s'empresse d'ajouter que si cette hypothèse est admise, cela revient à donner gain de cause aux transformistes. Une forme végétale aux caractères morphologiques beaucoup moins tranchés que l'espèce-type est appelée race. Jordan s'appuie sur cette définition qui a cours depuis Linné. S'il accepte les races chez l'homme (83) et les animaux domestiques, il les récuse chez les plantes. L'intervention humaine, seule, permet la création de nouvelles races végétales.

"Les progrès de l'analyse ont permis de constater l'existence d'une foule d'espèces sauvages, héréditaires et permanentes, qui ne peuvent pas être des races... Cette opinion de convention sur les races des végétaux cultivés devra bientôt disparaître, ou tout au moins être abandonnée par les hommes d'étude et de réflexion." (A. Jordan, 1857, p. 7).

"Le terme de race revêt (aujourd'hui) chez les biologistes et systématiciens végétaux un sens souvent imprécis, fluctuant. On lui préfère souvent le terme de variété. La distinction d'une race à l'intérieur d'une espèce végétale repose sur la reconnaissance, chez certains individus, de la possession d'un caractère particulier génétiquement transmissible, le plus souvent morphologique. L'existence d'une race peut être en relation, selon le cas, avec une répartition géographique précise : des exigences écologiques distinctes ; un comportement physiologique original." (B. Boullard, 1988).

Les propos plus ou moins véhéments des détracteurs de Jordan montrent à quel point ils sont ahuris de voir le maître s'enferrer dans ses convictions (G. Dollfus, 1896 ; A. Felix, 1907). Ils parlent de "création inutile d'espèces innombrables, impossibles à distinguer sérieusement les unes des autres", de "pseudo-variétés érigées en espèces". Pour eux, la méthode jordanienne n'accélère pas leur connaissance. Ils lui reprochent de n'avoir pas voulu reconnaître, au cours de ses multiples expériences, des phénomènes brusques de mutation.

3.4. Jordan, un fraudeur ?

Sa conception philosophique l'empêche d'admettre l'apparition brusque de formes nouvelles. Il en impute alors l'erreur à ses jardiniers. "Par tendresse paternelle, il a exagéré la viabilité de quelques-uns des enfants de sa pensée." (Dr Saint-Lager, 1897). Doit-on aller jusqu'à dire qu'Alexis Jordan est un fraudeur ? Bon nombre des détracteurs du jordanisme tombent dans la facilité. Ils abattent en bloc les théories du maître sans avoir véritablement cherché à comprendre son système. Ils ne retiennent que les aspects outranciers. Il est aisé, devant la masse des expériences menées, de dire qu'il a forcément triché quelque part. N'a t-on pas dit la même chose de Mendel ? Cependant, Jordan le dit lui-même :

> "Toute oeuvre qui néglige ou travestit les faits n'est plus une oeuvre de science ; elle perd même dès lors tout caractère scientifique." (A. Jordan, 1873, p. 208).

4 - L'attitude de Jordan : "Vous avez dit riposte ?"

Jordan ne se désintéresse aucunement des remarques qu'on peut lui faire, directement ou indirectement. Il est son meilleur porte-parole et montre suffisamment de fermeté dans ses écrits. Ses réponses sont orales à l'occasion des réunions des sociétés savantes. Il prend la peine de répondre par courrier aux personnes qui lui font part de leurs problèmes en botanique (84). Rien ne le fait pourtant changer d'opinion ; il ne remet rien en cause. Jordan ne cherche pas à faire de prosélytisme, convaincu qu'il est d'être dans l'unique vraie voie. Durant le troisième et dernier temps de son oeuvre, il devient sourd aux différentes controverses qui s'engagent autour de lui.

Temps 3 : L'homme de cabinet

A partir de 1873, Alexis Jordan se retire dans son appartement rue de l'Arbre-Sec. Il n'abandonne pas ce qui vient de l'occuper pendant près de quarante ans, mais son enthousiasme premier semble avoir faibli. Il entasse arguments sur arguments pour défendre sa théorie et quand il est poussé dans ses derniers retranchements, il se contente de ne plus répondre (85). Sa mère meurt en 1874 et il se retrouve seul. De moins en moins ouvert sur l'extérieur, il se renferme sur lui-même ; il ne participe plus aux sessions de travail des sociétés savantes. Il devient difficile de s'introduire dans le sanctuaire de la botanique descriptive.

Le jardin Jordan à l'honneur

La réputation de ce jardin n'est plus à faire, mais rares sont finalement les personnes qui ont pu s'y rendre. Ce doit être l'un des motifs pour lequel la S.B.F., en session extraordinaire à Lyon du 27 juin au 3 juillet 1876, souhaite s'y rendre. Le comité d'organisation se compose de MM. Borel, Cusin, Faivre, Lortet, Magnin, Méhu, Saint-Lager, de l'abbé Chaboisseau et de Jordan, qui est désigné comme président d'honneur. Mais que se passe-t-il entre la réunion préparatoire du 26 juin et l'ouverture de la session ? Jordan se dérobe et se montre très réticent au sujet de la visite de son jardin. Il finit par accéder à la requête mais ne se déplace pas pour accueillir ses hôtes (Cl. Roux, 1909, p. 11). Il en délègue la responsabilité à Viviand-Morel. Le chef des cultures fait, dans les semaines qui suivent, un rapport publié dans le **Bulletin de la S.B.F.**. La visite a fait figure de véritable événement et le compte rendu en est fort apprécié car il apporte de précieux renseignements sur la méthode du maître. Ce dernier est en proie à d'autres considérations qui le détournent quelque peu de la botanique. Un nouveau cheval de bataille s'offre à lui : défendre la chrétienté menacée. Il se doit de relever le défi.

IV - L'APRES JORDAN : QU'APPORTE-T-IL A LA SCIENCE ?

Homme et chercheur solitaire, Jordan participe au progrès de la science. Ses recherches sur l'espèce sont reprises et ses conclusions révisées, au point que ses travaux se trouvent en partie réhabilités aujourd'hui.

1 - La réhabilitation

Au lieu de condamner la méthode jordanienne, quelques botanistes choisissent la manière la plus équitable de la juger en soumettant les prétendues nouvelles espèces au critérium de la culture. Les expériences de Jordan sont répétées et même complétées par d'éminents botanistes en France et à l'étranger.

Gustave Thuret (1817-1875) est un biologiste réputé, qui consacre sa vie à l'étude des cryptogames et en particulier aux algues. Il ne partage pas le dédain que certains manifestent pour les travaux de pure systématique. Son collaborateur Bornet rapporte à son sujet :

"Il ne voyait pas seulement dans la classification un moyen plus ou moins commode de nommer les plantes, mais en même temps un résumé de nos connaissances à un moment donné, et en quelque sorte la fin de la science." (Ad. Davy de Virville, 1954, p. 209).

Edouard Bornet (1828-1911) prend part aux recherches de Thuret ; ensemble, ils mènent à Antibes de fructueuses recherches, entre autres, sur les modalités de reproduction des algues (86). "Se délassant de leurs profondes et délicates recherches sur les cryptogames par le soin d'un magnifique jardin" (J.-E. Planchon, 1874, p. 398), ils entreprennent de refaire les expériences de Jordan sur les Erophiles. Sept années de suite, Bornet en sème quatorze espèces. Elles ne présentent ni variation, ni hybride, quoique les pots soient rangés les uns près des autres. César Sarato, soigneux botaniste de Nice, fait des semis de différentes plantes affines. Il constate que certaines espèces jordaniennes comprennent elles-mêmes des espèces d'ordre inférieur parfaitement fixes et reconnaissables pour un oeil exercé (J.-E. Planchon, 1874, p. 398).

En Autriche, Naëgeli et Peter travaillent sur les *Hieracium* et publient en 1885 **Die Hieracien Mittel-Europas, Monographische Beschribung der Piloselloiden.** A la même époque en Allemagne, De Bary et son élève M. Rosen se proposent de contrôler les cultures des types de *Draba verna* faites par Jordan vingt ans plus tôt. Non seulement ils retrouvent les formes étudiées à Lyon, mais ils en décrivent de nouvelles (87). M. Wittrock mène un travail analogue en Suède sur les pensées (*Viola tricolor* et *Viola sudetica*), M. Lidforss sur les ronces. L. Blaringhem et Cl. Roux complètent la liste en citant encore d'autres noms : Th. Brunn von Neergard, N. Hjalmar Nilsson, Luther Burbank, Wettstein, Murbeck. Ces auteurs font part de leurs découvertes et saluent la méthode jordanienne même s'ils ne partagent pas les conceptions métaphysiques de son auteur. Enfin, Viviand-Morel fait valoir l'importance des matériaux amassés par Jordan pour l'étude du polymorphisme des grands types spécifiques, en mettant chaque forme végétale à la place qui lui convient (Dr Saint-Lager, 1897).

2 - Les apports jordaniens

2.1. L'espèce élémentaire existe bel et bien...

Jordan est le premier à mettre en évidence le caractère collectif et, par suite, conventionnel de l'espèce linnéenne. En isolant à chaque génération les descendants d'une même plante, il pratique ce que L. Blaringhem appelle "la culture pédigrée". Par cette méthode (il l'applique aussi bien aux plantes sauvages qu'aux plantes cultivées), il se propose de montrer dans les espèces de Linné l'existence d'un nombre parfois considérable de formes, parfaitement limitées et distinctes, constantes et invariables dans leurs différences, en un mot d'unités véritables qui seules répondent à la notion d'espèce (L. Blaringhem, 1906, pp. 97-99). Ce sont les espèces élémentaires ou petites espèces. Des chercheurs renommés reprennent les travaux de Jordan sur la pensée sauvage. Leurs conclusions : Jordan a raison.

La pensée sauvage se distingue des autres violettes par la forme des bractées (88) et surtout la disposition relevée des quatre pétales supérieurs de la fleur. Elle constitue l'espèce *Viola tricolor* de la nomenclature binaire. Sa diagnose facile à contrôler ne correspond pas à la description d'un ensemble homogène d'individus, mais d'un groupement de formes distinctes dont la constance, par voie de semis, est vérifiée par le botaniste durant plus de trente générations. Ces formes, parfois très nombreuses dans la même station, se distinguent par le port, les feuilles, les bractées, les fleurs, les fruits et même les graines. Cultivées dans le même jardin et dans des conditions identiques, elles conservent leurs caractères particuliers sans fournir de cas de transition. Il faut donc tenir pour rigoureusement démontrée la proposition que Jordan énonce dans l'introduction à ses **Diagnoses.**

"Linné n'admettait au rang d'espèces que les formes qui pouvaient être distinguées au premier coup d'oeil et dont le signalement était facile à donner. Il en est résulté que la plupart des espèces linnéennes sont plutôt des assemblages de formes spécifiques que des assemblages d'individus ; ce sont les premiers groupes que l'on peut établir par le rapprochement des formes similaires et nullement de vraies espèces." (A. Jordan, 1846).

Lotsy, en 1916, donne le nom de "jordanon" à ces espèces élémentaires pour les distinguer de l'espèce collective ou linnéon. Quelle est en règle générale la variabilité d'une espèce élémentaire ? B. Boullard écrit à propos du jordanon : "Petite espèce si peu variable qu'elle approche la notion de lignée." (B. Boullard, 1988).

2.2. ... et la fixité du jordanon est reconnue.

Une partie du matériel expérimental de Jordan justifie certaines de ses conclusions. En effet, il travaille sur des lignées pures (exemples : les haricots, *Phaseolus vulgaris* ...) ; la sélection s'opère alors dans un matériel homogène. En 1909, les conclusions du savant danois Johannsen, relatives à la nature hétérogène des populations et à la fixité des biotypes, rejoignent celles de Jordan (89). Blaringhem, quelques années plus tard, reprenant à son tour les travaux de Jordan apporte de nouveaux éléments. Les espèces élémentaires sont nées de croisements. Linné, Jordan et combien d'autres se sont trompés : le phénomène hybride existe. Mendel et Naudin avant lui partent du même principe - que l'hybride à l'état naturel est une réalité - qu'il se reproduit. Ils cherchent à découvrir les lois qui y participent. Blaringhem expose en 1919 sa théorie sur l'hérédité mixte. Un grand pas est franchi.

3 - Jordan, un précurseur ?

"Toute idée, même fausse, peut avoir un rôle scientifique utile, si elle entraîne des observations et expériences réalisées avec sérieux et bonne foi." (P. Ostoya, 1951, p. 179).

3.1. En marche vers une nouvelle science : la génétique

Dans les ouvrages, jordanisme précède mutationnisme. La question de l'évolution est bien entendu présente, sous-jacente. Autrement dit, le nom de Jordan est souvent cité à côté de ceux de Naudin, Mendel et De Vries. Jordan, Mendel et Naudin sont, pour ainsi dire, trois contemporains dont les travaux sont complémentaires. Ce sont les précurseurs des études populationnelles. Jordan, quand il travaille sur la petite crucifère printanière *Draba verna*, est loin de prévoir que ses échantillons sont parthénogénétiques.

"Toutes les fois qu'une mutation viable se reproduit, soit par changement génique, soit par modification chromosomique, le mutant *ipso facto* est autonome et ne se croise pas avec la plante-mère." (L. Cuénot, 1951, pp. 459-462).

La naissance de la génétique ouvre, si l'on peut dire, une nouvelle ère aux expériences jordaniennes. Les auteurs s'entendent pour affirmer qu'en France, les bases de cette nouvelle science sont jetées par Naudin et Jordan. L'ultra-fixiste sert la cause du transformisme.

3.2. L'histoire retient un autre nom : Hugo de Vries

Les affirmations de Jordan sur la fixité des espèces vont être exploitées pour démontrer, qu'en réalité, ses observations constituent la meilleure preuve de leur variabilité, non par des modifications progressives comme le pensait Lamarck, mais par des sauts brusques - ou mutations - comme le soupçonne Naudin. La multiplication infinie des espèces par Jordan suscite bien des réactions. Dans "Les espèces affines et la théorie de l'évolution" en 1874, Ch. Naudin nie que les formes héréditaires décrites par Jordan soient de véritables espèces. Il combat l'idée également chère, aussi bien à Lamarck qu'à Darwin, que les modifications des espèces se fassent par des transitions insensibles. Avant de Vries, il a l'idée que tout changement dans les caractères des animaux et des végétaux n'a pu, au contraire, s'opérer que brusquement. Il n'a manqué à Naudin que "de faire des numérations précises pour découvrir les lois de l'hérédité" (Ad. de Virville, 1954).

Ces idées sont voisines de celles exposées par le botaniste hollandais Hugo de Vries, professeur de botanique à l'Université d'Amsterdam. A partir de 1886, il suit à Hilversum (à côté d'Amsterdam) la descendance d'une espèce horticole, d'ailleurs mal définie : l'*Oenothera Lamarckiana*. Il voit apparaître, spontanément et sans transition, un nombre croissant de formes nouvelles dont les caractères, comme ceux du jordanon, sont héréditaires. Il leur donne le nom de "mutations" (Mutationstheorie) (90). Ainsi, est-il amené à voir dans ces variations brusques, l'origine des espèces. Il conçoit toutes les variétés et toutes les espèces élémentaires de Jordan comme étant nées par mutations : "La seule différence consiste en ce que nous avons vu mes Oenothères naître de leurs parents et que cette observation n'a pas été faite pour les *Draba*" (91).

Par l'ampleur et la minutie des observations qu'il mène pendant de longues années, Hugo de Vries est l'un des fondateurs de l'hérédité expérimentale.

3.2.1. Les lois de la mutabilité

La mutation peut porter sur un seul caractère, elle donne alors lieu à une simple variété, presque toujours régressive par latence. C'est le cas pour certaines Oenothères : *O. laevifolia*, *O. brevistylis* (perte partielle de la qualité de l'ovaire supère) et en général pour la plupart des variétés horticoles. Les mutations portant simultanément sur un grand nombre de caractères sont créatrices d'espèces élémentaires. C'est le cas des *Draba* de Jordan et de quantité d'autres (*O. Gigas*, *O. rubrinervis*, etc.).

Les recherches de H. de Vries le conduisent à énoncer les sept lois de la mutabilité :

I - De nouvelles espèces élémentaires apparaissent subitement, sans intermédiaires.

II - Les nouvelles formes apparaissent à côté de la souche principale et se développent avec elle.

III - Les nouvelles espèces élémentaires montrent immédiatement une constance absolue (elles ont la constance d'une espèce pure mais peuvent à leur tour subir des mutations).

IV - Certaines de ces nouvelles lignées sont évidemment des espèces élémentaires, mais d'autres doivent être regardées comme des variétés régressives.

V - Les mêmes espèces nouvelles apparaissent en un grand nombre d'individus.

VI - Il n'y a aucune relation entre les mutations et les fluctuations.

VII - Les mutations se font dans presque toutes les directions (elles peuvent être utiles, indifférentes ou nuisibles, seule la sélection naturelle fait le tri).

"Il résulte de ces recherches de Jordan, H. de Vries, de Nilsson, de Blaringhem, *etc.*, que l'évolution des espèces animales et végétales, qui n'est plus aujourd'hui contestée que par quelques rares naturalistes, n'est point insensible et insaisissable, mais qu'elle s'opère, même sous nos yeux, par degrés, par petits coups, par mutations subites" (Cl. Roux, 1909, p. 24).

Conclusion de la deuxième partie

La précison des observations d'Alexis Jordan, sa rigueur scientifique, "son refus de la hiérarchisation infra-spécifique" (M. Denizot, 1986) et son attention portée aux populations font de ce botaniste amateur un véritable scientifique. Comme de nombreux floristes de son époque, il tend à se spécialiser dans le but d'identifier correctement les plantes. Ses investigations descriptives poussées à l'extrême - à l'époque, pas de cytologie - aboutissent à des travaux aujourd'hui reconnus et d'une certaine façon défendus. Un grand nombre de formes créées par Jordan figurent actuellement dans les diverses flores françaises (Cl. Roux, A. Colomb, 1908).

"On peut donc se demander si l'on n'a pas, en vérité, reproché surtout à Jordan d'avoir clairement détaillé sa méthode sans aller jusqu'au bout des conséquences." (M. Denizot, 1987).

TROISIEME PARTIE

NAISSANCE D'UN ROMAN : DES ANNALES DE LOIGNY AUX CAVES DU VATICAN

1 - Rappel historique : un climat plus que favorable

Ce dernier épisode de la vie d'Alexis Jordan s'inscrit pleinement dans une situation politico-religieuse mouvementée. Les bouleversements qui s'opèrent ébranlent les convictions de bon nombre de chrétiens, plus que jamais à l'écoute de leur chef spirituel. Dans les années 1860, la controverse se durcit entre catholiques au sujet du libéralisme. La droite ralliée à l'Empire s'inquiète de la politique de Napoléon III en Italie. La droite restée fidèle à la monarchie crie à l'infamie. Les craintes des catholiques intransigeants et de l'Eglise en général sont bien exprimées par le pape dans l'encyclique *Quanta Cura* et le catalogue qui l'accompagne, le *Syllabus* (1864), où sont répertoriées les erreurs du temps présent : Pie IX proclame l'incompatibilité de l'Eglise et de la société moderne. La renaissance de l'ultramontanisme s'affirme durant la seconde moitié du siècle (92). Il est contrebalancé par l'émergence d'un courant plus modéré incarné par Mgr Dupanloup. L'avènement de la République en France et l'achèvement de l'unité italienne par la destruction de ce qui restait des Etats du pape sont, pour les conservateurs, synonymes de changements néfastes, de bouleversements de l'ordre établi. Les intransigeants n'admettent aucune remise en cause de la place de l'Eglise et de son chef dans la société. Ils attendent le retour salvateur de la monarchie en France, du pape-roi à Rome, du Christ-roi partout.

1.1. Léon XIII et la politique du ralliement

A l'intransigeant Pie IX succède un pape qui n'est pas moins intransigeant mais qui comprend la nécessité de rétablir un réel dialogue entre l'Eglise, l'Etat et le monde moderne. Ce pape, élu en 1878, prend le nom de Léon XIII. Il commence par renouveler les condamnations du rationalisme, de la franc-maçonnerie et continue de réagir vigoureusement contre le libéralisme laïciste (B. Bihlmeyer, H. Tuchle, 1967). Cependant, il donne une nouvelle orientation à l'action du Saint-Siège en invitant les catholiques à participer à la vie politique. En 1890, le cardinal Lavigerie prononce le fameux "toast d'Alger" en faveur du ralliement des catholiques français à la République. Le terrain est ainsi préparé, quand Léon XIII promulgue l'encyclique *"Au milieu des sollicitudes"* le 20 février 1892. On y lit que l'Eglise n'est liée à aucune forme de gouvernement ; on peut accepter la République sans admettre pour autant une législation hostile à la religion. "Les gens de bien doivent s'unir comme un seul homme pour combattre par tous les moyens légaux et honnêtes ces abus progressifs de la législation". Le pape met en garde contre ceux qui "assiègent la République du dehors", ses fourvoyeurs (les boulangistes et une partie des monarchistes). Comment les catholiques réagissent-ils ? La majorité est hostile au conseil pontifical ; la réaction de l'épiscopat est très mitigée. Que signifie accepter la République ? "S'agit-il d'une République baptisée et devenue chrétienne ou de la République de Jules Ferry ?" (J.-M. Mayeur, 1973, p. 201). C'est autour de cette question que s'ouvre un débat qui ne finit pas de diviser les catholiques. Certains vont jusqu'à remettre en doute la validité des propos du Saint-Siège : "Le premier acte du faux pape fut cette encyclique trop fameuse, l'encyclique à la France, dont le cœur de tout français digne de ce nom saigne encore." (A. Gide, 1958, p. 751) (93).

2 - Les Annales de Loigny : organe du parti de l'Œuvre du Sacré-Coeur de Jésus pénitent

2. 1. L'Oeuvre du Sacré-Coeur de Jésus pénitent

La dévotion au Sacré-Coeur incarne le catholicisme ultramontain qui l'emporte dans les années 1870. De nombreux exemples en France (Paris, Lyon, Paray-le-Monial) montrent à quel point ce courant spirituel et politique se développe. On parle de "la cause du Sacré-Coeur". Sa signification religieuse est essentielle : culte de la douleur et de l'expiation, "c'est aussi une redécouverte d'un Dieu personnel et incarné dans la ligne de spiritualité du XIXème siècle." (J.-M. Mayeur, 1973, p. 139). Le culte de la Vierge et des saints, la croyance aux miracles prennent un développement extraordinaire dans toutes les couches de la société. Inévitablement, des débordements, des déviations sont à craindre ; des personnes n'hésitent pas à exploiter la crédulité de certains de leurs contemporains. C'est le cas dans l'affaire de Loigny où Alexis Jordan se trouve être le dupe d'une escroquerie à grande échelle. Un autre exemple contemporain témoigne de ce climat favorable à toutes sortes de mystifications. Léo Taxil crée Diana Vaughan, une soi-disant "franc-maçonne" luciférienne, grand'mère de l'Antéchrist, mais convertie par Jeanne d'Arc... aux prises avec le démon Bitru ! Elle se réfugie dans le sein de l'Eglise et "confesse" que les loges maçonniques sont autant de temples sataniques voués aux messes noires. La mystification dure de 1885 à 1897 (A. Monglond, 1953).

2.2. L'historique de la publication

Les flibustiers de Loigny choisissent bien leur moment. A l'apogée éphémère du boulangisme, ils caressent la fibre patriotique en faisant espérer le retour des provinces perdues. N'est-ce-pas à Loigny (Eure-et-Loir) que, le 2 décembre 1870, le général de Sonis se porte au secours de Chanzy à la tête de trois cents zouaves pontificaux dont le drapeau porte un sacré-coeur ? Un monument au Sacré-Coeur y est élevé en 1870. Mort en 1887, Sonis a son tombeau à Loigny (94). Rien ne nous indique pour l'instant comment Alexis Jordan va être mêlé à une histoire qui dépasse nos frontières. A l'origine, quelques individus - que l'on appellera la bande de Loigny - le persuadent de soutenir financièrement la naissance d'un journal royaliste et catholique. Comment diable ! (si l'on ose dire...) entre-t-il en contact avec eux ? Par le jeu de hasards ? Pas tout à fait. Sa mère a un oncle qui est maître de forges à Beaumont près de Loigny (95) ; à l'occasion Jordan rend visite à sa famille. C'est là qu'il se lie d'amitié avec un groupe de personnes nostalgiques de la royauté et inquiètes des prises de position républicaines de personnalités catholiques qui anticipent sur le cardinal Lavigerie et le pape Léon XIII. Deux premiers numéros d'un journal appelé **Les Annales de Loigny** voient le jour en 1888. Leur ton ressemble plus à celui de **La Lanterne** qu'à celui de **La Croix**. Jordan, déçu, supprime les fonds (A. Monglond, 1953). Aussi, dans le but de le regagner à sa cause, la bande de Loigny met-elle sur pied une énorme farce qui tournera à l'escroquerie pure et simple.

La notice complète de cette feuille mensuelle est : "**Les Annales de Loigny** paraissant le premier vendredi de chaque mois. Prix : 4 francs par an. S'adresser à M. Glénard, à Loigny, près Orgères (Eure-et-Loir), Secrétaire de l'Oeuvre du Sacré-Coeur de Jésus pénitent." Les dates de publication s'échelonnent ainsi : le numéro 1 date du premier vendredi de décembre 1888 et contient 32 pages. Au numéro 2 de janvier

1889, la pagination repart de la page 2 et est désormais continue jusqu'à la fin, c'est-à-dire jusqu'au numéro 107 en date du premier vendredi d'octobre 1897, lequel se termine à la page 3724. A la fin de chaque numéro, on lit la signature du gérant : L. Glénard, suivie de la mention de l'imprimeur : Saint-Malo, Imprimerie Y. Billois (plus tard Imprimerie du Commerce) (A. Monglond, 1953).

2.3. Sans demi-mesure ou Des acteurs...

Si nous connaissons de façon précise les instigateurs de l'affaire, c'est grâce aux révélations de Jean de Pavly (96). Ce lyonnais, semble-t-il médecin, commence par être dupe lui-même (J. de Pavly, 1895). De plus, **Les Annales de Loigny** dressent des sortes de biographies sur les personnes qui apparaissent dans ses pages. Successivement entrent en scène le comte Vérité de Saint-Michel, un aventurier qui se fait passer pour le camérier secret de Léon XIII. Il est en relation avec un autre individu de son espèce, un dénommé Charles de Bourbon (en fait Bourbon-Naundorff), habitant à Bréda (Hollande). Ce sont eux qui annoncent à Jordan la bonne nouvelle concernant la survivance d'un petit fils de Louis XVI et fils de Louis XVII. Dans un second temps, Saint-Michel s'acoquine avec un certain Glénard, "un ancien berger devenu notaire de village" (97). Ils dénichent "deux misérables femmes" ; l'une au dire de Jean de Pavly, "la plus raffinée et la plus effrontée que l'on ait jamais vue", Mathilde Marchat, qui jouera la voyante sous le nom de Marie-Geneviève du Sacré-Coeur ; l'autre "non moins abjecte", la Duchon, sera la supérieure de la communauté. Reste à trouver, en la personne de l'abbé Joseph Xaé, le directeur de la communauté des soi-disant religieuses de Loigny. Cet abbé , "après dix-sept ans d'un laborieux ministère à Nonhigny" (98), laisse cette paroisse de six cents habitants dans le diocèse de Nancy. "Il fut accusé, il y a quelques années, d'attentat à la pudeur exercé sur une petite enfant. Acquitté faute de preuves suffisantes", son évêque, Mgr Turinaz, l'avait chassé (99). Le journal est très habile : il tire parti de toutes les accusations portées contre ses maîtres à penser. Tout n'est qu'abominable calomnie orchestrée par ceux-là mêmes qui ont pour but de saborder la chrétienté. **Les Annales de Loigny** se présentent donc comme une publication d'inspiration religieuse. Les tirages sont de l'ordre de dix mille exemplaires et, la publicité aidant, le nombre des cotisations en faveur de ces nouveaux défenseurs de la foi vient accroître ses ressources.

2.4. Adeptes et prédictions en tous genres

Publication d'inspiration religieuse, l'expression est fort à propos. La première partie de chaque numéro, sous le titre : "Cahier des visites", relate en style direct les révélations de la Vierge à Mathilde Marchat. Chaque mois, la voyante prodigue conseils et encouragements aux défenseurs de la bonne cause et quelques malédictions à l'encontre de ses adversaires. Jordan reçoit ainsi de multiples demandes au nom de la Vierge. En échange, elle lui fait des cadeaux comme un noyau de cerise. "Plantez-le ; je vous le recommande, disait Jordan à son chef de culture Viviand-Morel. C'est un don de la Vierge par l'intermédiaire de la voyante. Il donnera un cerisier dont chaque fruit se changera en étoile du ciel." (F. Gagnepain, 1931). Ce qui fait dire à F. Gagnepain que "Jordan fut enchaîné toute sa vie à la voyante de Loigny". En fait, il semble que les relations de Jordan avec la bande de Loigny ne surviennent que dans les dernières années de sa vie. Il est certain qu'il prend une part active dans ce mouvement. Il le finance en grande partie, mais remet aussi des textes qui sont publiés ; il signe "A.J.". D'ailleurs, bon nombre de lettres de sympathisants sont éditées (celles d'un instituteur, d'un cultivateur, d'un capitaine en retraite...). Le secret de la réussite des **Annales** tient dans le fait qu'elles font écho de tout ce qui peut être dit à leur sujet. Elles en tirent le meilleur profit. Les propos accusateurs sont scrupuleusement rapportés. Le verdict tombe, implacable : les suppôts du mensonge cherchent par tous les moyens à salir et à bafouer une noble cause. Il faut d'autant plus mener la lutte et les fonds sont plus que jamais nécessaires. L'influence de la bande de Loigny s'étend vers l'ouest (en Bretagne et plus encore en Normandie), dans la région lyonnaise, en Bourgogne, en Savoie et en quelques points du Massif central. Lyon excepté, les adhérents se trouvent dans de petites villes ou de simples villages ; ce sont de petits rentiers, voire de très petites gens... Son rayonnement est amplifié par le commerce de fausses reliques ; Loigny propose en outre des remèdes de toutes sortes, entre autres contre la stérilité (J. de Pavly, 1895).

2.5. La mise à l'Index

L'Eglise ne tarde pas à exprimer sa désapprobation à propos des agissements de la communauté de Loigny. Dans le numéro de février 1889, est annoncée la condamnation de Mathilde Marchat par l'évêque de Chartres, bientôt confirmée par le Saint-Siège, avec défense d'adhérer à ses prétendues révélations et ordre de dissoudre la communauté. Un appel à la mobilisation des défenseurs de Loigny est lancé pour demander la levée de l'interdiction. **Les Annales** publient les nombreuses lettres de soutien ; un pétition est même signée le 21 janvier 1889, date fétiche, anniversaire de l'exécution de Louis XVI, le "grand-père" du prétendant Bourbon-Naundorff dont se réclament les partisans de Loigny. Le journal dénonce la corruption du clergé, l'asservissement des évêques au gouvernement qui les a nommés. Le numéro de septembre 1889 annonce triomphalement la mort de Mgr Regnault, évêque de Chartres, survenue le 5 août précédent, "c'est-à-dire huit jours après qu'il eut reçu le message dicté par le Sacré-Coeur à Marie-Geneviève le 23 juin, et qui prédisait à l'évêque sa mort prochaine s'il ne levait pas l'interdit." (100) Le 11 juin 1890, un décret du Saint-Office inscrit **Les Annales de Loigny** au catalogue de l'Index. Cela n'empêche pas le gérant Glénard d'insérer au verso de chaque numéro la formule suivante :

> "Nous déclarons pour nous conformer aux décrets de la Sainte Eglise romaine, soumettre nos travaux à son jugement et désavouer d'avance tout ce qui, par mégarde, pourrait être avancé dans ces Annales, qui ne serait pas conforme à son esprit. Nous déclarons, en outre, n'exposer les nouvelles sur les faits naturels que nous relatons, que comme simple narrateur, sans entendre aucunement devancer les décisions du Saint-Siège apostolique."

Le clan de Loigny fait fi de cette condamnation. Il s'estime être victime des francs-maçons, qui sévissent de plus en plus dans le clergé et dans la société toute entière ; la preuve en est... Glénard et l'abbé Xaé prennent le chemin de Rome dans le but de rencontrer le pape.

3 - Les Caves du Vatican

En mars 1914, paraît un ouvrage anonyme dont le titre est : "**Les Caves du Vatican. Sotie, par l'auteur des Paludes**" (101). Ce livre est l'oeuvre d'un des plus grands romanciers français, André Gide. Il est toujours intéressant de connaître les circonstances qui président à la naissance d'un roman et les critiques s'y emploient largement. Dès la sortie d'un livre, son auteur ne manque pas d'être interrogé à ce sujet. Pour **Les Caves du Vatican**, deux sources sont à retenir : l'histoire de la croisade pour la délivrance du pape et la conversion d'un franc-maçon notoire. A. Monglond dit qu'il s'agirait d'un beau-frère d'Emile Zola et A. Gide parle d'un cousin du célèbre auteur anticlérical (A. Gide, 1958, p. 1569). J.-M. Mayeur vient à l'appui de cette hypothèse en précisant que l'époque voit des "conversions retentissantes dans le monde intellectuel." (J.-M. Mayeur, 1973, p. 139).

3.1. Une singulière croisade

La prudence des usurpateurs de Loigny, chaque fois qu'ils sont condamnés, est de ne jamais attaquer directement Léon XIII. Pie IX ne s'est-il pas déclaré moralement prisonnier du jour où Rome devient la capitale de l'Italie ? Depuis 1889, **Les Annales** répètent que Léon XIII est prisonnier, mais simplement "prisonnier des pharisiens qui l'entourent". Dans le but de faire appel à Léon XIII, les deux compères Glénard et Xaé partent pour Rome le 6 avril 1891 (102). Ils s'installent au coeur de la ville, via Serpenti, le premier au 145 et le second au 76. De leur séjour, il est fait longtemps silence dans **Les Annales**. Ce n'est qu'en juillet 1892 que l'on apprend que les deux hommes sont maintenant à Rome depuis un an, sans avoir pu approcher Sa Sainteté. Ils ont désormais la preuve que l'interdit est l'oeuvre du cardinal Monaco. A en croire Jean de Pavly, Saint-Michel commence à s'impatienter. Les générosités de Jordan sont mensuelles et Saint-Michel a impérativement besoin de vingt mille francs. Jordan ne donne rien malgré des demandes répétées qui se font toujours par l'intermédiaire de la voyante.

En janvier 1893, les escrocs ont recours à un moyen qu'ils espèrent plus efficace : ils transforment la captivité morale de Léon XIII en incarcération réelle. Ils annoncent donc que le pape est enfermé dans l'un des cachots du Vatican. A sa place, paraît dans les cérémonies et les audiences un faux pape, "un calabrais ayant une grande ressemblance avec Léon XIII, par les traits du visage et même par la voix." (J. Xaé, 1893). Glénard et Xaé n'ont pas à faire grands frais d'imagination. Depuis bientôt un siècle, cavernes et souterrains du Vatican appartiennent aux décors indispensables à tout roman noir. Balzac en fait usage dans ses oeuvres de jeunesse et jusque dans la **Comédie humaine**. Dans les numéros d'avril et de mai 1893, **Les Annales** rivalisent avec les romanciers.

3.2. Des personnages de roman

Pour asseoir leur crédibilté, les aigrefins prennent des complices sur place. En fait, c'est une manière pour eux de se blanchir au cas où l'affaire tournerait mal. Ils se présenteraient alors comme les victimes de l'escroquerie...

La comtesse Caroline de Saint-Arnaud, pieuse et noble dame d'origine française, est une parente de l'ancien maréchal de France de Saint-Arnaud, "dont elle a conservé, pour le dire en passant, le caractère guerrier." (J. Xaé, 1893). Elle habite via Nazionale, 5. Vincenzo Ubalducci (via di san Marco, 49) est un vieux secrétaire de feu le prince Alexandre Torlonia. Ce bon vieillard de soixante-dix-huit ans se rend tous les jours chez son beau-frère, directeur des écuries du Vatican. Il y a ses entrées auprès des serviteurs dits inférieurs. Le duc de Bustelli-Foscolo (via dei Coronari), général en retraite, commandeur de Saint-Grégoire-le-Grand, connaît, lui, la plupart du haut personnel du Vatican.

Chacun de ces trois personnages est chargé de recruter les personnes nécessaires à la délivrance du pape. Grâce à leur connaissance du "petit" monde qu'est la cité vaticane, ils l'infiltrent. Vincenzo Ubalducci commence par interroger discrètement des serviteurs, vingt-cinq en tout. *"Comment va le Saint-Père ? - Bien, Père Vincenzo, vraiment bien ; il mange bien, et surtout il a de bonnes jambes, lui qui, il y a quelques mois, ne pouvait presque plus marcher ; il est fort maintenant, il monte seul les escaliers, il les descend seul, etc. ; c'est vraiment un miracle."* Le père baisse ensuite la voix, posant la question fatidique : *"Est-ce-que c'est bien notre vrai Saint-Père, Léon XIII ?"* Sur les vingt-cinq, quinze lui rient au nez, le traitent de fou, de vieux radoteur. *"Dix autres, me regardant en face, me disaient du bout des lèvres, pour ne pas se faire remarquer par les ennemis : oui, c'est le Saint-Père Léon XIII ; et en même temps, les larmes dans les yeux, me faisaient un signe négatif avec la tête."* Dans les jours qui suivent, Vincenzo Ubalducci entre en contact avec les trois individus qui portent trois fois par jour la nourriture au prisonnier, dont ils ignorent l'identité. Il pénètre secrètement dans les catacombes et attend le moment propice. Vincenzo se fait reconnaître auprès du signor Luigi, camérier du pape, qui lui explique comment ils se sont retrouvés emprisonnés ici. *"Un matin, vers cinq heures, je m'éveille ; j'ouvre les yeux, je me trouve dans un lit bien blanc ; mais je ne reconnais pas ma chambre ; je regarde partout, je reconnais le Saint-Père dans un autre lit bien blanc en face de moi. Je me mets assis sur mon lit, je pleure. Le Saint-Père s'éveille, il me voit pleurer, il comprend."* Durant un mois, Vincenzo Ubalducci rend ainsi clandestinement visite aux prisonniers. Un troisième personnage entre en jeu, l'archiduc Jean Salvator de Habsbourg-Lorraine. Il est séquestré dans les caves du Vatican sur ordre de Léon XIII. Son crime ? L'empoisonnement de son cousin l'archiduc Rodolphe et de son épouse. Les deux hommes étaient épris de la même femme, Maria Vetsera... L'affaire est étouffée, la thèse du suicide est présentée à l'opinion publique (103). Pour éviter la honte et le déshonneur, la famille demande au pape de l'emprisonner. L'archiduc de Habsbourg-Lorraine ajoute : *"Je me suis confessé ; le pape m'a pardonné ; puis Monaco sous prétexte de faire les "exercices" de pénitence m'a enfermé ici depuis trois ans. Quand Léon XIII a été mis en prison, Monaco m'a établi son geôlier, me promettant qu'après la mort du pape je serai délivré."*

Le pape se fait expliquer quelles sont les personnes employées dans cette grave affaire. *"Loigny, a-t-on dit au Saint-Père. - Ah ! Loigny, nous verrons ce que pourra faire Loigny ! - Les amis de Loigny sont : M. Alexis Jordan, de Lyon, celui à qui vous avez donné l'ordre de publier en France la prophétie "Une voix du Ciel". - Très bien, dit le Saint-Père, je me le rappelle..."* Tous les personnages de l'affaire sont cités et par-là même réhabilités. *"Sa Sainteté, à diverses reprises, nous a donné ses instructions relativement à sa délivrance, soit verbalement, soit par écrit."* Les messages sont écrits sur des feuilles de l'un des vieux livres de la bibliothèque de la prison. *"L'une des recommandations instantes de Sa Sainteté était d'agir avec une prudence consommée, afin d'éviter à tout prix le scandale et la guerre.""* Il devient urgent d'agir. *"Le prince écrit lui-même la note de frais, entre dans tous les détails, explique nettement ses conditions. Total : vingt mille francs !"* Sans compter les sommes déjà engouffrées pour obtenir la complicité des serviteurs et celles à venir. Malheureusement, les ressources des "amis de Rome" sont épuisées. Madame de Saint-Arnaud n'a pas hésité à engager au mont-de-piété ses bijoux et a fait des emprunts... *"Nous avons écrit à M. Alexis Jordan, lui exposant toute la vérité et lui demandant de consulter le ciel, afin de savoir que faire."* La question de l'archiduc est délicate ; le pape n'est pas favorable à sa libération, même s'il en va de la sienne ! La voyante de Loigny, interrogée sur ce point, ne fait que répéter : "*L'évasion de Sa Sainteté s'impose, mais il faut qu'on se presse !...*" Alexis Jordan se fait tirer l'oreille. "*Et pourtant tout était prêt ; on voulait en finir pour la fête de Pâques.*" Pourquoi ce jour ? Il y aura beaucoup de monde au Vatican à l'occasion de cette fête, la diversion sera aisée. Les amis de Loigny font appel également à des hommes en armes, au cas où les choses tourneraient mal. "*On était arrivé au Mercredi Saint, 29 mars au soir. Madame la comtesse avait exposé la situation pénible, l'angoisse dans laquelle nous nous trouvions tous de voir que, le Ciel ne répondant pas, et M. Jordan pour ce motif hésitant à envoyer la somme nécessaire, l'évasion serait peut-être retardée. (...) Sa Sainteté nous faisait remettre une lettre pour son fils dévoué, Alexis Jordan, intendant de la maison de la Très Sainte Vierge de Loigny.*" Le samedi saint, ils tiennent un dernier conseil de guerre ; découragés, il apparaît que la délivrance devra être remise. "*Tout à coup, à onze heure et quart, arrive un message de Lyon. - Quand la Sainte Vierge ne parle pas, nous disait M. Jordan, elle inspire : voici les vingt mille francs, puissent-ils arriver à temps !*". "*Au milieu de la nuit, la petite troupe sous les ordres du général en chef M. le duc de Bustelli-Foscolo, arrive en silence dans l'immense cave, où se trouve la porte d'entrée ouvrant sur l'escalier qui descend aux catacombes du Vatican. - Je sens, dit le Saint-Père, que je suis libre maintenant au milieu de ma prison ; je suis ému et ne me sens pas la force de faire les cérémonies d'aujourd'hui (Pâques) ; laissons-les encore aujourd'hui jouer la comédie*". L'archiduc de Habsbourg-Lorraine, le prisonnier-geôlier est le premier à retrouver l'air libre. Avec l'argent de Loigny, il a décidé de fuir en Orient, dans des contrées lointaines. C'est au tour du pape de rejoindre le monde des vivants. "*Les brigands, dit-il, où ils m'avaient mis !*" Un escalier secret les conduit dans ce qui est alors la chambre du trésor de la papauté. Il demande à ses amis de le laisser seul, se reposer. "Le lundi de Pâques, le Saint-Père appelle l'un des soldats, lui remet quelques plis cachetés, lui disant de les porter à leur adresse (...) Il avait préparé une lettre d'avis pour chacun des prélats les plus criminels. Cette note était à peu près conçue en ces termes : "*Je ne suis plus dans les catacombes... Je suis libre...*" A la réception de cette missive, on apprend que le cardinal Apolloni, "l'un des plus scélérats parmi les prélats", meurt foudroyé et deux autres ne tardent pas à le suivre dans la tombe. Le lendemain, à une heure du matin, Léon XIII décide d'affronter enfin le cardinal Monaco, le premier responsable de la substitution. "Le cortège alors se met en route et monte un petit escalier conduisant dans les appartements du Saint-Père. (...) Les sentinelles qui sont toujours de garde à la porte de l'antichambre pontificale ouvrent de grands yeux, ne comprenant rien à cette promenade nocturne ; reconnaissant le Saint-Père, ils présentent les armes et laissent entrer Léon XIII, suivi de M. le duc. (...) La porte de la chambre à coucher n'était pas fermée à clef. Léon XIII entre, on inspecte partout : rien. Lorsque tout à coup, apparaît Pio Centra, le camérier secret, avec les yeux hors de leur orbite, la figure égarée et comme fou ; celui-ci reconnaissant Léon XIII, se jette à ses pieds sans prononcer une parole. Mais nulle autre trace du faux pape qui venait de disparaître. Que s'est-il passé ? Ce faux pape était-il simplement un suppôt de Satan en personne ?"

Les citations de cette incroyable épopée sont tirées de la brochure de l'abbé Xaé. Tous les ingrédients du roman d'aventure sont ici rassemblés. Le lecteur est tenu en haleine tout au long du récit. Il ne faut pas moins de 24 pages à l'abbé Xaé pour rapporter, dans le détail, la "dernière" des croisades. Le numéro des **Annales de Loigny** de mai 1893 fait l'objet d'un tirage à part. Il précise : "Nous avons non-seulement la liberté mais le devoir de révéler tout." N'est-ce-pas la voyante, l'intercesseur de la Vierge, qui demande que tout soit dévoilé au public ? C'est chose faite. Et Xaé de conclure :

"Nous attendons, dans la patience et la souffrance, que Sa Sainteté puisse tenir ses promesses et obéir aux ordres formels que Léon XIII a reçus du Ciel, c'est-à-dire renverser le schisme, lever solennellement, officiellement l'interdit injuste et nul lancé en son nom et à son insu contre soeur Marie-Geneviève du Sacré-Coeur, la bien-aimée voyante du Seigneur, contre la Supérieure, ses soeurs, contre tous les amis et défenseurs de l'Oeuvre de Loigny, oeuvre sacrée que Léon XIII déclare divine."

3.3. Une escroquerie sans dupe

Jordan reçoit le jour de Pâques ce simple télégramme : "Heureuse délivrance de Sa Sainteté". Le mardi de Pâques, il le communique à Jean de Pavly, lequel écrit dans le **Faux pape** : "J'eus le pressentiment d'un malheur. Je partis le soir même pour Rome". Pavly obtient une audience de Léon XIII. Puis il se rend chez le procureur général et chez le préfet de Rome. La supercherie éclate en plein jour, les soi-disant amis de Rome (et de Loigny) sont démasqués. La comtesse de Saint-Arnaud, de son vrai nom Santa Arnolda, est une prostituée. Vincenzo Ubalducci est un pauvre hère qui vend des journaux via Marforio. Le général en retraite s'appelle Luigi Bustelli-Foscolo. Domestique à l'hôtel Minerva de Pise, il en est chassé à cause de sa mauvaise conduite. Il avait été convenu que Santa Arnolda recevrait 3 500 francs, Bustelli-Foscolo 1 500 et Vincenzo Ubalducci 1 000. En réalité, la bande de Loigny n'a que faire de leur aide ; ce ne sont que des boucs émissaires. Six mille francs leur ont été distribués ; sans compter quarante mille autres qui ont servi à "l'entretien" de Glénard et de Xaé.

De son côté, Jean de Pavly continue de se démener pour que justice soit faite. De retour en France, il fait part à la justice d'un dossier formidable que la police de Rome a bien voulu lui fournir. Le 10 mai 1893, les scellés sont apposés sur l'oratoire de Loigny. **Les Annales de Loigny** réagissent aussitôt en attaquant violemment l'ambassadeur Lefebvre de Béhaine et le nonce Ferrata, qu'ils tiennent pour responsables. En septembre, le journal s'en prend à l'évêque de Chartres, qui avait déclaré à propos de Loigny dans l'**Observateur français** (journal d'Eure-et-Loir), "qu'il n'y avait là qu'une folie politique entée sur une folie religieuse". La bande de Loigny doit désormais faire face sur deux fronts. Les boucs émissaires italiens sont arrêtés. "Les journaux d'Europe annonçaient la nouvelle en donnant comme victimes ces pauvres français auxquels ces méchants italiens avaient fait croire que Léon XIII était enfermé dans les caves du Vatican." (A. Monglond, 1953, p. 440). Glénard et Xaé sont présentés comme les victimes. Qui plus est, ils continuent de croire à la fabuleuse délivrance du pape et refusent le prétendu vol dont ils auraient été les victimes ! Ils demandent la mise en liberté "des nobles prisonniers". Dans le même temps paraissent dans **Les Annales de Loigny** les "Remarques sur le procès qu'on fait aux libérateurs de Sa Sainteté Léon XIII et qui sont accusés d'escroquerie, et la Protestation de MM. l'abbé Xaé et Louis Glénard contre la fausse accusation d'escroquerie portée contre les auteurs de la Délivrance de Sa Sainteté Léon XIII qui a donné lieu à leur détention préventive". Et surtout, le meilleur alibi invoqué est que l'escroqué, M. Jordan, ne porte pas plainte !

Le vent n'est pas favorable aux deux compères installés à Rome. Ils choisissent de demeurer provisoirement dans la capitale italienne, toujours alimentés par Jordan. Ils ne se lassent pas de répéter que Léon XIII délivré, n'est pas pour autant débarrassé des traîtres qui forment son entourage. Leurs propos sont plus que jamais virulents à l'encontre des "schismatiques", des "scélérats en robe rouge" et ils dénoncent "l'anémie intellectuelle du clergé". L'autre fléau qui va de pair avec le précédent, c'est la franc-maçonnerie. Sous ce vocable se cachent tous les miasmes dont souffre la société.

Les Annales de Loigny répètent obstinément les mêmes formules ; elles les agrémentent ça et là d'inventions nouvelles et continuent à se réclamer du vrai pape. Les condamnations sur Loigny ne cessent de pleuvoir. Un décret de Rome, daté du 14 juillet 1894 et signé du cardinal Parocchi, est affiché à la porte de l'église paroissiale de Loigny. Si dans l'espace d'un mois, Mathilde Marchat et ses compagnes "ne se soumettent purement et simplement, elles encourent par le fait même, l'excommunication réservée au Souverain Pontife". La menace s'applique à Jordan, aux prêtres qui aideraient en quoi que ce soit ces personnes. Nous savons par Jean de Pavly que l'abbé Le Blanc, prêtre dans le Nord, écrit tous les mois dans **Les Annales de Loigny** un article qu'il signe du nom de Marthe-Marie-Lazare ; que l'abbé Gaget, habitant près de Bourgoin, vient en cachette tous les premiers vendredis de chaque mois à Loigny. En dépit de ces différentes interdictions, le 8 décembre 1894, le sous-préfet de Châteaudun fait à nouveau apposer les scellés. Fin 1895, le journal annonce que Léon XIII a été séquestré une fois encore, de Pâques 1894 à Pâques 1895.

> Pendant ce temps, "Hilarion Bracciaferro ressemblant à Léon XIII a rempli ses fonctions. Ce faux pape est né en 1831, en Calabre ; il est le fils d'une religieuse et d'un évêque-cardinal. (...) C'est pendant que ce faux pape a fonctionné qu'une direction fausse a été donnée à la politique du Vatican... Donc le pape n'a pas ordonné de se rallier à la République athée et maçonnique... Eh bien ! qui avait raison, étaient-ce les sages ? Non ! C'étaient les fous comme on nous a nommés." (104)

Alexis Jordan meurt à Lyon le 7 février 1897, emporté par une hémorragie cérébrale. Il avait 83 ans. Selon Loigny, tout excommunié qu'il était, Jordan était admis à la communion en l'église Saint-Bonaventure, par permission tacite de l'évêque. Ses obsèques ont lieu dans sa paroisse, en l'église Saint-Pierre de Lyon (105). Il est enterré au cimetière de Loyasse (106). Les vivres coupés, **Les Annales de Loigny** cessent de paraître en septembre 1897.

3.4. Alexis Jordan revu et corrigé par Gide

Lorsqu'André Gide parle en 1944 de la "ferveur joyeuse" avec laquelle il travaille à **Thésée**, il précise : "Il me semblait être revenu au temps des Caves." (A. Gide, 1958, p. 1565). L'histoire de Loigny a eu de quoi l'enthousiasmer, en tout cas l'inspirer, comme nous avons pu en juger. Il dit pourtant ne pas avoir été au courant de la brochure de Jean de Pavly. Le romancier a connaissance dès 1893 de l'affaire par ses attaches normandes, ses nombreux séjours en Italie et par la presse. Cette histoire s'offre d'ailleurs à lui comme un prétexte pour aborder divers problèmes, qui depuis longtemps lui tiennent à coeur. En tout, une dizaine de personnages animent le livre ; au regard de l'affaire de Loigny, Gide les transforme profondément (leur niveau social est plus élevé). Mais l'action reste étroitement liée au thème du faux pape.

"Plus de pape est affreux, Madame. Mais, qu'à cela ne tienne : un faux pape est plus affreux encore. Car pour dissimuler son crime, que dis-je ? pour inviter l'Eglise à se démanteler et à se livrer à elle-même, la Loge a installé sur le trône pontifical, en place de Léon XIII, je ne sais quel suppôt du Quirinal, quel mannequin à l'image de leur sainte victime, quel imposteur, auquel, par craindre de nuire au vrai, il nous faut feindre de nous soumettre.." (A. Gide, p. 751).

L'action prend corps essentiellement en Italie (Rome et Naples) et dans la région de Pau. Gide juge plus décent d'incarcérer le pape au château Saint-Ange (un corridor souterrain relie le Vatican au château). Le dévôt qui part en croisade pour délivrer le pape s'appelle Amédée Fleurissoire (nom à consonnance botanique, s'il en est). C'est un Alexis Jordan revu et corrigé, qui a pris femme.

"Madame Amédée Fleurissoire, née Péterat, cadette de Véronique Armand-Dubois et Marguerite Baraglioul, répondait au nom baroque d'Arnica. Philibert Péterat, botaniste assez célèbre, sous le Second Empire, par ses malheurs conjugaux, avait, dès sa jeunesse, promis des noms de fleurs aux enfants qu'il pourrait avoir." (A. Gide, p. 757).

Le pauvre Fleurissoire se trouve successivement aux prises avec des punaises, des puces et des moustiques, pour être finalement la victime sacrifiée d'une incroyable mascarade.

"Ah ! mon ami, je vois que vous ne savez pas comment ils sont dans ce pays. Pour moi, je commence à les connaître. Depuis quatre jours que je vis parmi eux, je ne sors pas des aventures ! et qui m'ont inculqué de vive force, je vous jure, une précaution que je n'avais pas naturelle. On est traqué." (A. Gide, p. 817).

Si le ton de l'ouvrage est chargé d'un profond cynisme, Gide choisit d'être particulièrement féroce avec ce dévôt Fleurissoire lancé dans l'aventure romaine, seul contre une bande d'escrocs sans vergogne. Quand l'auteur cherche à expliquer le thème de "l'acte gratuit", c'est Fleurissoire qu'il sacrifie. Son corps est retrouvé gisant le long de la voie de chemin de fer qui devait le mener à Naples.

La lecture de Gide, précédée de celle de la brochure contant la délivrance de Léon XIII donne sa pleine mesure au fait divers dans lequel est impliqué Jordan, le botaniste.

"Il y a le roman et il y a l'histoire. D'avisés critiques ont considéré le roman comme de l'histoire qui aurait pu être, l'histoire comme un roman qui avait eu lieu. Il faut bien reconnaître, en effet, que le romancier souvent emporte la créance, comme l'événement parfois la défie." (A. Gide, p. 748).

L'affaire de Loigny défraie la chronique. Les adversaires du jordanisme voit là une preuve supplémentaire de la crédulité d'un Jordan manipulé et prisonnier de ses convictions. A sa mort, son oeuvre scientifique s'en trouve par-là même un peu plus discréditée.

CONCLUSION

La démarche adoptée dans ce travail sur Alexis Jordan est celle d'un historien et non celle d'un scientifique. E. Mayr dans son **Histoire de la biologie** intitule l'un de ses paragraphes *Les historiens contre les scientifiques* (E. Mayr, 1989). Si, comme il l'affirme "deux corporations de spécialistes, avec chacune ses conceptions et sa formation ont revendiqué l'histoire des sciences", si "les apports respectifs sont de nature assez différente", ils ne sont pas dictés par des intérêts distincts. Au contraire, on ne peut que souhaiter la complémentarité des approches, des méthodes afin de construire un objet qui relève en réalité de plusieurs disciplines. La revendication appartient-elle d'ailleurs au territoire de l'historien ?

Cette recherche a essayé de répondre modestement aux questions suivantes. Quels étaient les problèmes scientifiques à l'époque de Jordan ? De quels outils conceptuels et techniques disposait-il pour tenter de fournir une définition plus satisfaisante de l'espèce ? Quelles méthodes le botaniste lyonnais pouvait-il employer ? Enfin, quelles idées dominantes à son époque influencèrent ses travaux et les options qu'il prit ? Les thèses botaniques, les opinions politiques et religieuses d'Alexis Jordan ont constitué un tout. L'expression de "système botanico-philosophique" employée par ses biographes prend ici tout son sens. Mais peut-être ont-ils voulu voir à tort chez l'homme de science une capacité d'analyse et de jugement qui devraient le mener à élever des cloisons entre les différentes composantes de l'existence. J. Piaget écrit qu'en biologie : "(...) la stratégie scientifique, loin de se constituer patiemment et rigoureusement comme dans les autres sciences, par une promotion interne de la problématique, ne se manifeste guère que d'une façon militante dans les ouvrages de vulgarisation, et pour des professions de foi qui n'hésitent pas toujours à dévoiler les batteries idéologiques" (J. Piaget, 1967, p. 781). C'est une des plus vives critiques qui ait été adressée à Jordan. On oublie alors trop rapidement les années de recherche qu'il a consacrées à la botanique, l'incroyable ténacité avec laquelle il a tenté d'apporter des réponses. Même s'il s'est parfois trompé, ses résultats ont constitué une étape. "Les idées jadis répudiées prennent souvent autant d'importance que celles où cherche à se reconnaître la science d'aujourd'hui et les obstacles autant que les chemins ouverts. (...) Chaque époque se caractérise par le champ du possible que définissent, non seulement les théories ou les croyances en cours, mais la nature même des objets accessibles à l'analyse, l'équipement pour les étudier, la façon de les observer et d'en parler" (F. Jacob, 197, p. 19). Jordan était un scientifique ambitieux qui s'est investi complètement dans le but ultime de faire reculer les limites de la connaissance. Tout au long du XIXème siècle, ces limites sont repoussées et certaines barrières dépassées. On assiste ainsi à l'aboutissement de la morphologie, à la naissance et à l'apogée de l'anatomie, à l'avènement de la cytologie. Quand on s'attarde sur la définition que donne Buffon de l'Histoire Naturelle, on comprend peut-être mieux l'énergie et une part de l'entêtement que Jordan a dû déployer. "Il y a une espèce de force de génie et de courage d'esprit à pouvoir envisager la Nature dans la multitude innombrable de ses productions, et à croire capable de les comprendre et de les comparer ; il y a une espèce de goût à les aimer, plus grand que le goût qui n'a pour but que des objets particuliers ; et l'on peut dire que l'amour de l'étude de la Nature suppose dans l'esprit deux qualités qui paraissent opposées, les grandes vues d'un génie ardent qui embrasse tout d'un coup d'oeil, et les petites attentions d'un instinct laborieux qui ne s'attache qu'à un seul point." (Buffon, 1984, p. 38). Jordan est un esprit méticuleux qui apporte le plus grand soin aux expériences qu'il mène au jardin de Villeurbanne. "On comprend tout le parti qu'on peut tirer des faits d'expérience même les plus douteux, lorsqu'on se plaît à leur attribuer gratuitement la certitude et l'authenticité qui leur manquent et qui seules peuvent leur donner de la valeur. On sait de plus qu'il est un art d'assouplir jusqu'aux faits les plus rebelles par eux-mêmes à l'arbitraire des interprétations, art qui consiste surtout à mettre en relief certaines circonstances accessoires, en dissimulant habilement toutes celles qu'on veut faire méconnaître et qui marquent cependant le véritable caractère de ces faits. Il n'est pas en effet de système faux, subversif même, dans la science tout comme dans la littérature et la religion, qui n'élève la prétention de s'appuyer sur des données positives, sur des faits." (A. Jordan, 1857, p. 71).

Cette conclusion, par l'intermédiaire de quelques passages d'auteurs qui ont beaucoup fait pour la science (et qui ont su en parler très justement) tente de replacer le botaniste lyonnais dans un cadre plus large que celui qui a été retenu par ses contemporains et par nous-mêmes. Si certains ont préféré mettre en avant la personnalité du botaniste pour expliquer ses travaux, F. Jacob aurait pu leur répondre qu'en science, il a trouvé "un monde de jeu et d'imagination, de manies et d'idées fixes. A ma surprise, ceux qui atteignaient l'inattendu et inventaient le possible,ce n'étaient pas simplement des hommes de savoir et de méthode. C'étaient surtout des esprits insolites, des amateurs de difficulté, des êtres à vision saugrenue. Chez ceux qui occupaient le devant de la scène venaient souvent se déployer d'étranges mélanges d'indifférence et de passion, de rigueur et de bizarrerie, de volonté de puissance et de naïveté. C'était le triomphe de la singularité. " (F. Jacob, 1987, p. 12).

NOTES

(l) Contrat de mariage entre Pierre Jordan, négociant à Lyon et Elisabeth Périer, fille de Jacques Périer (2 octobre 1765). A.D.I. 11 J 28 1-4 Archives du château de Vizille.

(2) Annexe 1: plan du quartier des Terreaux.

(3) Annexe 2: arbre généalogique de la famille d'Alexis Jordan.

(4) Annexe 3: portrait d'Antoine-Noël Jordan.

(5) Contrat de mariage fait le 9 février 1813 devant Maître Chol, notaire à Valsonne (Rhône). Aujourd'hui conservé par Maître Bibost, 1 avenue Ch. de Gaulle, 69170 Tarare.

(6) Archives des Hospices civils de Lyon, Registres de l'Antiquaille, série L Conseil d'administration.

(7) Alexis, pour sa part, ne continue pas cette amorce de tradition de père en fils.

(8) L'annexe 7 donne un aperçu des titres achetés par César. Il les laisse ensuite à son fils.

(9) Aug. Jordan fait référence à des documents conservés aux A.D.I. dans le fonds du château de Vizille.

(10) Madame Jordan, mère d'Alexis, décède le 8 juin 1874.

(11) **Géographie de la fortune et structures sociales à Lyon au XIXème siècle (1815-1914)**, 1974.

(12) Ces quatre dates ont été retenues en fonction des documents disponibles, P. Léon ayant choisi l'échantillonnage le plus représentatif possible pour l'analyse des données statistiques .

(13) Annexe 4 : grilles des niveaux de fortune établies par P. Léon.

(14) Registres d'état civil, A.D.R. cote 4 E 2349.

(15) Avant d'accepter la succession, Camille Jordan demande l'inventaire des biens de son parent. Un début d'inventaire fait les 22 et 23 février 1897, consigné dans les minutes de Maître Chardigny, est conservé aujourd'hui par Maîtres Sylvestre, Hublot et Porte, 59 rue de Créqui, 69006 Lyon.

(16) Les archives de cet établissement (anciennement le Collège royal, aujourd'hui le lycée Ampère) conservées aux A.D.R. sont en attente de classement.

(17) Le sous-titre de cet annuaire est : "indicateur commercial et industriel de la ville et des faubourgs de Lyon".

(18) A.D.R. 6 MP 013, 6 MP 041, 6 MP 067, 6 MP 103, 6 MP 140, 6 MP 177, 6 MP 210, 6 MP 242, 6 MP 278, 6 MP 311, 6 MP 347, 6 MP 380, 6 MP 414.

(19) Le nom de cette rue date du XIVème siècle. Dans un plan de 1550, elle est déjà figurée avec sa direction actuelle, allant de la rue Clermont (absorbée aujourd'hui dans la rue de l'Hôtel de ville) à la rue Basseville (tronçon de la rue de l'Arbre-Sec compris entre la rue Garet et le Rhône) (L. Maynard, 1980).

(20) Annexe 5 : portraits.

(21) Ouvrage publié à Paris en 1681, dans lequel Bossuet considère tout du seul point de vue de l'action de la providence. Tous les événements qu'il évoque, il les explique par le dessein qu'avait le Créateur d'assurer le triomphe du christianisme.

(22) Annexe 6 : lettre qui fait partie d'une correspondance déposée aujourd'hui à la S.L.L. par M. Guinot, gendre de feu M. Guillemet, lequel était apparenté avec le Dr Magnin.

(23) La Société de la Croix de Jésus est également appelée société missionnaire des prêtres de Saint-Irénée.

(24) Edouard Aynard (1837-1913) est descendant de drapiers Iyonnais. Il fonde la Société Lyonnaise de Dépôt en 1864. Il est régent de la Banque de France, président de la Chambre de commerce de Lyon. Convaincu des vertus de l'initiative privée pour résoudre la question sociale, il développe à Lyon les premières habitations bon marché.

(25) Annexe 7: liste des titres de l'inventaire après-décès d'Alexis Jordan.

(26) Ce personnage est connu grâce au testament olographe déposé chez Maître Chardiny, notaire à Lyon, le 2 janvier 1892. Aujourd'hui conservé par Maîtres Sylvestre, Hublot et Porte, 59 rue de Créqui, 69006 Lyon.

(27) Annexe 8 : cartes postales.

(28) Voir note 15.

(29) Voir note 8.

(30) Voir note 26.

(31) Voir note 11.

(32) Voir note 18.

(33) Octave Meyran entreprit plusieurs monographies sur des botanistes Iyonnais (exemples : Dr Léon Blanc (1856-1919), l'abbé Antoine-Etienne Boullu, J.-L. Lannes, Dr Ant. Magnin, Gustave Detailly, Dr J.-B. Saint-Lager, etc..).

(34) Pratiquement isolé, Gandoger - dans son travail de pulvérisation des espèces - n'est pas pris au sérieux par ses contemporains. Il part des principes jordaniens mais se base presqu'uniquement sur les matériaux de son gigantesque herbier, c'est-à-dire qu'il néglige l'étude de terrain.

(35) Voir note 22.

(36) Annexe 9 : portrait d'Ant. Foudras.

(37) La définition actuelle de ce terme correspond à celle donnée par B. Boullard dans son dictionnaire (1988) sous le vocable de "phytogéographie": partie de la botanique qui traite de la distribution des espèces et des formations végétales à la surface de la terre.

(38) Ces deux passionnés de botanique sont à l'origine de la S.L.L.

(39) Annexe 10 : portrait de M.-Ant. Timeroy.

(40) La S.L.L. est installée dans les murs de la mairie du 6ème arrondissement à Lyon, au 33 de la rue Bossuet depuis 1921.

(41) Registre des délibérations de la Société linnéenne de Lyon, séance du 11 août 1845.

(42) Annexe 11 : énumération des voyages botaniques d'A. Jordan par Cl. Roux et A. Colomb (1908).

(43) Il obtient cette chaire au Muséum en 1793.

(44) **Hommes d'autrefois et d'aujourd'hui,** 1966.

(45) Annexe 12 : plan de la Cité-Lafayette.

(46) Le nom de ce Pelletier apparaît dans les **Annales de la Société d'agriculture de Lyon** en 1 846.

(47) "Histoire abrégée des cultures expérimentales du jardin d'Alexis Jordan, botaniste Iyonnais" *in* **Lyon-Horticole,** 1907.

(48) Dans son testament, Jordan lui lègue une rente annuelle viagère de trois cents francs.

(49) Annexe 13 : portrait de J. Fourreau.

(50) "L'étrange figure d'Alexis Jordan" *in* Bull. **de la S.L.L.,** novembre 1947, pp. 188-191.

(51) Annexe 14 : portrait de J.-V. Viviand-Morel.

(52) "Rapport sur les collections botaniques publiques et particulières de Lyon et des environs" *in* **Bull. de la S.B.F.,** juin-juillet 1876.

(53) La vente aux enchères de la bibliothèque d'Alexis Jordan a eu lieu à Paris les 4, 5, 6, 7, 8 et 9 mai 1903. Composée de près de 1900 lots, elle est organisée par Paul Klincksieck, le célèbre libraire parisien spécialisé dans les sciences naturelles. La vente a produit 63000 francs .

(54) Se dit des plantes qui ont les organes de fructification apparents. Les phanérogames correspondent à la division actuelle des spermaphytes, embranchement qui comprend les plantes qui portent des fleurs à un moment donné de leur développement et se reproduisent par graine.

(55) Se dit des plantes qui ont les organes de fructification peu apparents (exemples : les champignons, les fougères).

(56) Annexe 15 : liste des sociétés savantes et académies dont a fait partie A. Jordan.

(57) **Dictionary of scientific biography,** Charles Scribener's Sons Publishers, 197078 .

(58) Antoine Cariot est membre de la S.L.L. C'est l'un des fondateurs de la Société botanique de Lyon. Il élabore une flore du Lyonnais.

(59) Une diagnose constitue la détermination des caractéristiques d'une espèce végétale ou animale.

(60) C'est le nom attribué à la Faculté catholique des Sciences de Lyon au début du siècle.

(61) Annexe 16 : "Avis au botanistes".

(62) Association française pour l'avancement des sciences.

(63) Une station est le lieu où se localise une espèce parce qu'elle y trouve réunies des conditions climatiques, édaphiques et biologiques qu'elle affectionne. Territoire à l'intérieur duquel la végétation, plurispécifique certes, reste assez uniforme, homogène, dans sa composition, du fait d'une certaine constance des conditions écologiques.

(64) Qui a une fleur à pétales en croix. Les cruciféracées sont une famille de plantes dicotylédones dialypétales comprenant des herbes annuelles dont les fleurs ont quatre pétales disposés en croix ; le fruit est une silique.

(65) Ces procès-verbaux sont conservés à la S.L.L.

(66) Annexe 17 : liste chronologique des travaux d'A. Jordan (Cl. Roux, 1909).

(67) **Flore de France**, 1848-56.

(68) **Flore du Centre de la France**, 3ème éd. 1857.

(69) Annexe 18.

(70) Annexe 19.

(71) Annexe 20.

(72) Citation de Fourreau extraite du **Catalogue de la flore du Rhône** paru dans les Annales de la S.L.L. en 1868.

(73) Annexe 21.

(74) Le texte des deux conférences de Mendel sont publiés en 1866 sous la forme d'un article de 44 pages dans les **Comptes rendus des travaux de la Société d'histoire naturelle de Brno**.

(75) Il fonde en 1847 la Société lyonnaise de flore dont le but est "de répandre les connaissances botaniques". Elle devient en 1850 la Société des horticulteurs lyonnais. Jordan a du en faire partie.

(76) Annexe 22.

(77) Annexe 23.

(78) Annexe 24.

(79) "Rapport sur l'essai de phytostatique appliqué à la chaîne du Jura et aux contrées voisines par M. Thurmann" *in* **Annales de la Société d'agriculture de Lyon**, 1850.

(80) "Essai de phytostatique appliqué à la chaîne du Jura et aux contrées voisines" *in* **Annales de la Société d'agriculture de Lyon**, 1849.

(81) La phytographie est la partie de la botanique qui a pour objet la description des plantes et l'étude de leurs caractères.

(82) A l'époque de Jordan, le mot "hybride" est féminin, à la différence d'aujourd'hui.

(83) Jordan ne fait que citer le problème des races humaines. Il ne va pas plus avant comme l'indique M. Denizot (1987).

(84) Annexe 25: retranscription d'une lettre de la correspondance Paillot-Jordan.

(85) "Nécrologie" *in* **L'Echange, Revue linnéene,** 1897.

(86) **Etudes phycologiques,** 1878 ; **Notes alogologiques,** 1876-80.

(87) "Systematische und biologische Beobachtungen über Erophila verna" in **Bot. Zeitung,** 1889.

(88) Feuille fréquemment colorée qui accompagne la fleur ou l'inflorescence.

(89) **Encyclopédie française,** 1937.

(90) Lamarck, Linné et d'autres employaient le terme de mutation dans le sens général de modification (P. Ostoya, 1951, pp. 196-197).

(91) Citation extraite du livre de P. Ostoya (1951), qui cite H. de Vries (**Espèces et variétés**) .

(92) **Nouvelle histoire de l'Eglise,** 1975.

(93) La pagination se rapportant aux **Caves du Vatican** correspond à l'édition de la Pléiade, 1958 .

(94) Le village s'appelle aujourd'hui Loigny-la-Bataille.

(95) Voir note 5.

(96) On trouve aussi Jean de Pauly ou de Palvy.

(97) Son étude était située, toujours selon Jean de Palvy, à Châteauneuf-sur-Sornin (Saône-et-Loire).

(98) **Les Annales de Loigny,** p. 1000.

(99) **Les Annales de Loigny,** p. 1695.

(100) **Les Annales de Loigny, sept.** 1889.

(101) "Les soties, fort à l'honneur aux XIVème et XVème siècles, sont des pièces burlesques jouées par des sots ou des enfants sans souci, habillés de jaune et de vert et coiffés de chapeau orné d'oreilles d'âne et de grelots. Il se peut qu'ils représentent les célébrants de la fête des fous, quand cette joyeuse et insolente parodie des cérémonies religieuses fut bannie de l'Eglise." (A. Gide, 1958, notes de la Pléiade, p. 1570).

(102) **Les Annales de Loigny,** juillet 1892, p. 1391.

(103) Cette affaire a réellement existé et est connue sous le nom du drame de Mayerling.

(104) **Les Annales de Loigny,** pp. 3112-3113.

(105) **Les Annales de Loigny,** pp. 3464-3465.

(106) A. Jordan prend une concession accordée pour 30 ans à compter du 12 octobre 1885. Les registres du cimetière de Loyasse précisent qu'il a été inhumé à la case 16, carré du Puits, 1ère ligne.

INDEX DES NOMS PROPRES

Les noms de lieu sont en italique.

BIBLIOGRAPHIE

Annales de la Société botanique de Lyon, tome 27, compte rendu des séances du 16 décembre 1902, p. 42

Archives départementales de l'Isère. **Répertoire imprimé des archives du château de Vizille** 11 J 28 (sources manuscrites)

ATRAN (S.) . - **Fondements de l'histoire naturelle : pour une anthropologie de la science** . - Paris : Ed. Complexe, 1986 . - 244 p. . - (Collection Le Genre humain)

AYNARD (Th.) . - **Les salons d'autrefois : souvenances de 1829 à 1848** . - Lyon : Impr. Mougin-Rusand, 1887 . - 31 p. . - (Extrait de la Revue du Lyonnais, septembre 1887)

AYNARD (Th.) . - **Tableaux généalogiques des familles Aynard et Jordan-Dugas, avec notes préliminaires** . - Lyon : Impr. Mougin-Rusand, 1892 . - 36 p.

BARRAL (P.) . - **Les Périer dans l'Isère au XIXème siècle d'après leur correspondance familiale** . - Paris : P.U.F., 1964 . - 245 p.

BAUMARD (A.) . - **La bourgeoisie de Paris au XIXème siècle** . - Paris : Ed. Flammarion, 1970 . - 348 p.

BEAUNE (H.) . - "Discours prononcé aux funérailles d'Alexis Jordan le 10 février 1897" *in* **Rapports de l'Académie de Lyon (1897-1901)** . - Lyon : A. Rey, 1902

BIHLMEYER (C.), TUCHLE (H.) . - **Histoire de l'Eglise**. Tome IV : L'Eglise contemporaine . - Mulhouse : Ed. Salvator, 1967 . - 462 p.

BLARINGHEM (L.) . - "La notion de l'espèce et la théorie de la mutation d'après les travaux d'Hugo de Vries" *in* **L'Année psychologique**, tome 12, 1906, pp. 95-112

BLARINGHEM (L.) . - **Les transformations brusques des êtres vivants** . - Paris : E. Flammarion, 1911 . - 353 p. . - (Bibliothèque de philosophie scientifique)

BLARINGHEM (L.) . - **Le perfectionnement des plantes** . - Paris : E. Flammarion, 19134 . - 192 p.

BLARINGHEM (L.) . - **Les problèmes de l'hérédité expérimentale** . - Paris : E. Flammarion, 1919

BLARINGHEM (L.) . - "Sur les anomalies florales résultant de l'hybridation Blé et Seigle" *in* **Revue de pathologie végétale**, tome 12, 1926, pp. 222-339

BLARINGHEM (L.) . - "Les espèces jordaniennes et la disjonction des espèces" *in* **Bull. de la S.B.F.**, tome 92, fasc. 1-3, 1945

BOITEL (L.) (sous la dir.) . - **Lyon ancien et moderne** . - Lyon : Ed. L. Boitel, 1838 . - 2 tomes

BONNIER (G.) . - **Le monde végétal** . - Paris : E. Flammarion, 1907 . - 387 p. . - (Collection Bibliothèque de philosophie scientifique)

BOREL (J.-H.) . - "Lettre à la Société botanique de France à l'occasion de la mort d'Alexis Jordan" *in* **Bull. de la S.B.F.**, séance du 12 février 1897, pp. 81-83

BOSSARD (R.) . - **Botanique et techniques horticoles** . - Paris : J.-B. Baillière, 1977 . - 302 p.

BOUBEE (R.) . - **Camille Jordan en Alsace et à Weimar d'après des documents inédits** . - Paris : Plon, 1911 . - 236 p. . - (Portrait)

BOUCHER (A.) . - **Pauline Jaricot et l'Œuvre de la Propagation de la Foi** . - Abbeville : C. Paillert, 1931 . - 32 p.

BOULLARD (B.) . - **Dictionnaire de botanique** . - Paris : Ed. Ellipses, 1988 . - 398 p.

BUFFON (G. L. LECLERC, comte de) . - **Histoire Naturelle** . - Paris : Gallimard, 1984 . - 343 p. . - (Collection Folio ; 1569) . - (Choix et préface de Jean Varloot)

BRAUDEL (F.), LABROUSSE (E.) (sous la dir.) . - **Histoire économique et sociale de la France**. Tome 3 : L'avènement de l'ère industrielle (1789 - années 1880) . - Paris : P.U.F., 1976 . - 471 p.

BREISTROFFER (M.) . - "Sur la nomenclature botanique de quelques botanistes lyonnais" *in* **Comptes rendus du 89ème Congrès des Sociétés savantes, Lyon 1964** . - Paris : Gauthier-Villars, 1965 , pp. 53-63

BRUN DE LA VALETTE (R.) . - **Lyon et ses rues** . - Lyon : Ed. du Fleuve, 1969 . - 321 p.

BUCHE (J.) . - **L'école mystique de Lyon 1776-1847 : le grand Ampère, Ballanche, Cl.-Julien Bredin, Victor de Laprade, Blanc Saint-Bonnet, Paul Chenavard** . - Paris : F. Lacan, 1935 . - 306 p.

CANDOLE (A.-P. de) . - **Théorie élémentaire de la botanique, ou exposition des principes de la classification naturelle, et de l'art de décrire et d'étudier les végétaux** . - Paris : Deterville, 1819 . - 566 p.

Catalogue de la bibliothèque de feu Alexis Jordan . - Paris : Librairie Klincksieck, 1903 . - 144 p.

"Les Caves du Vatican à la Comédie française" *in* **Le Figaro**, 11 décembre 1950 . - (Interview d'André Gide)

CHAMBET (A.) . - **Guide descriptif, monumental et industriel de Lyon et de ses environs** . - Lyon : Impr. H. Storck, 1860 . - 372 p.

COLOMB (A.), ROUX (Cl.) . - **Catalogue des plantes nommées par Alexis Jordan avec un résumé sur sa vie, ses œuvres, ses voyages...** . - Lyon : A. Rey, 1908 . - 82 p.

COMITE DES TRAVAUX HISTORIQUES ET SCIENTIFIQUES . - **Lyon, cité des savants** . - Paris : Ed. du C.T.H.S., 1988 . - 297 p. . - (Actes du 112ème Congrès national des Sociétés savantes, Lyon 1987)

COQUILLAT (M.) . - "L'étrange figure d'Alexis Jordan" *in* **Bull. de la S.L.L.**, n°9, novembre 1947, pp. 188-191

CUENOT (L.) . - **L'évolution biologique : les faits, les incertitudes** . - Paris : Masson, 1951 . - 592 p.

DAVY DE VIRVILLE (Ad.) (sous la dir.) . - **Histoire de la botanique en France** . - Paris : Société d'édition d'enseignement supérieur, 1954 . - 394 p. . - (VIIIème Congrès international de botanique, Paris-Nice 1954)

DENIZOT (M.) . - **Alexis Jordan (1814-1897), l'espèce génétique et l'espèce populationnelle** . - Congrès national des Sociétés savantes, Lyon 1987 . - 16 p.

DOLLFUS (G.) . - "Considération sur la délimitation des espèces animales" *in* **La Feuille des Jeunes naturalistes**, n°313, 1er novembre 1896, pp. 3-6

DUCHET (M.) . - **Anthropologie et histoire au siècle des Lumières : Buffon, Voltaire, Rousseau, Helvétius, Diderot** . - Paris : F. Maspéro, 1971 . - 567 p.

DULAC (abbé) . - **Mélanges botaniques** . - 1886 (Cet ouvrage n'est pas sur Lyon. Ad. Davy de Virville précise qu'il est d'ailleurs difficile à trouver.)

Encyclopédie française. Tome V : Les êtres vivants . - Paris : Librairie Larousse, 1937 . - 5. 18-10

FELIX (A.) . - "La doctrine de Jordan" *in* **La Feuille des Jeunes naturalistes**, n°435, 1er janvier 1907, pp. 41-43

GADILLE (J.) (sous la dir.) . - **Le diocèse de Lyon** . - Paris : Ed. Beauchesne, 1983 . - 350 p. . - (Collection Histoire des diocèses de France)

GADILLE (J.), LADOUS (R.) . - **Des sciences de la nature aux sciences de l'homme** . - Lyon : Université Jean Moulin, 1984 . - 295 p.

GAGNEPAIN (F.) . - "Un Alexis Jordan peu connu" *in* **Bull. de la S.B.F.**, tome 78, 1931, pp. 694-696

GATIN (C.-L.) . - **Dictionnaire aide-mémoire de botanique** . - Paris : Lechevalier, 1924 . - XX-848 p., ill., fig.

GIDE (A.) . - **Romans** . -Paris : Ed. Gallimard, 1958 . - 1614 p. . - (Bibliothèque de la Pléiade)

GODRON (D.-A.) . - "De l'*Aegilops triticoïdes* et de ses différentes formes" *in* **Bull. de la S.B.F.**, tome 8, 1861, pp. 74-89

Grande encyclopédie (La) : inventaire raisonné des sciences, des lettres et des arts par une société de savants et de gens de lettres . - Paris : Ed. H. Lamirault & Cie, 1885 . - vol. 16, pp. 359-360 ; vol. 29, pp. 796-801

GRASSE (P.-P.) . - **L'évolution du vivant : matériaux pour une nouvelle théorie transformiste** . - Paris : Albin Michel, 1974 . - 477 p., bibliogr., index

GRIMAL (P.) . - **Dictionnaire des biographies** . - Paris : P.U.F., 1958 . - 2 vol., 804 + 1563 p.

GROENLAND (J.) . - "Note sur les hybrides du genre *Aegilops*" *in* **Bull. de la S.B.F.**, séance du 27 décembre 1861, pp. 612-613

GUILLAUME (P.) . - **La Compagnie des Mines de la Loire (1846-1854) : essai sur l'appartition de la grande industrie capitaliste en France** . - Clermont-Ferrand : Faculté des Lettres et des Sciences humaines, 1966 . - fasc. XXIV, 248 p.

GUINOCHET (M.) . - **Notions fondamentales de botanique générale** . - Paris : Masson, 1965 . - 446 p., index

GUTTON (J.-P.) (sous la dir.) . - **Les lyonnais dans l'histoire** . - Toulouse : Privat, 1985 . - 405 p. . - (Les Hommes dans l'histoire)

HARDOUIN-FUGIER (E.) . - **Miniguide de Fourvière** . - Lyon : Ed. S.M.E., 1983 . - 96 p.

HERRIOT (Ed.) . - "Camille Jordan et la Restauration" *in* **Revue d'histoire de Lyon**, n°1, 1902

HOEFER (F.) . - **Histoire de la botanique, de la minéralogie et de la géologie depuis les temps les plus reculés jusqu'à nos jours** . - Paris : Hachette, 1882 . - 411 p., ill.

JACOB (F.) . - **La logique du vivant : une histoire de l'hérédité** . - Paris : Gallimard, 1970 . - 354 p., index . - (Collection Tel ; 2)

JACOB (F.) . - **Le jeu des possibles : essai sur la diversité du vivant** . - Paris : Fayard, 1981 . - 135 p.

JACOB (F.) . - **La statue intérieure** . - Paris : Editions Odile Jacob, 1987 . - 365 p., index

JORDAN (Aug.) . - **Une lignée de Huguenots dauphinois et ses avatars** . - (Clermont-Ferrand) : Sorep Diffusion, 1983 . - 296 p., photographies

KLEINCLAUSZ (A.) . - **Lyon des origines à nos jours** . - Lyon : Ed. Masson, 1925 . - 429 p.

KRUDENER (Madame et Mademoiselle) . - **Lettres à Camille Jordan, publiées et annotées par Robert Boubée** . - Paris : Correspondant, 1898 . - 12 p.

LATREILLE (A.) (sous la dir.) . - **Histoire de Lyon et du Lyonnais** . - Toulouse : Ed. Privat, 1975 . - 511 p.

LATREILLE (C.) . - **La Petite Eglise de Lyon** . - Lyon : Ed. H. Lardanchet, 1911 . - 296 p.

LAVENIR (Ph.) . - "Nécrologie : Miss E. Wilmott" *in* **Lyon-Horticole**, n°11, 5 novembre 1934, pp. 199-200

LE DANTEC (F.) . - **Evolution universelle et hérédité** . - Paris : Alcan, 1898 . - 308 p. . - (Bibliothèque scientifique internationale)

LEON (P.) . - **La naissance de la grande industrie en Dauphiné (fin du XVIIème siècle - 1869)** . - Paris : P.U.F., 1954 . - 965 p.

LEON (P.) . - **Géographie de la fortune et structures sociales à Lyon au XIXème siècel (1815-1914)** . - Lyon : Centre d'histoire économique et sociale de la région lyonnaise, 1974 . - 440 p.

LEQUIN (Y.) . - Les ouvriers de la région lyonnaise (1848-1914) . - Lyon : Presses Universitaires de Lyon, 1977 . - 2 tomes, 573 + 500 p. . - (Tabl., index)

LOUDE (J. de, abbé) . - **Figures lyonnaises (Abbé Noirot, Joseph Chinard, Camille Jordan)** . - Lyon : Impr. des Missions africaines, 1932 . - 126 p.

MAGNIN (Ant.) . - "Rapport sur les collections botaniques publiques et particulières de Lyon et des environs" *in* **Bull. de la S.B.F.**, tome 23, session extraordinaire à Lyon juin-juillet 1876, pp. CLXXXV-CXLCI

MAGNIN (Ant.) . - "Darwin Charles. Des effets de la fécondation croisée et de la fécondation directe dans le règne végétal" *in* **Annales de la Société botanique de Lyon**, juillet-août 1877

MAGNIN (Ant.) . - **Prodrome d'une histoire des botanistes lyonnais** . - Lyon : Association typographique, 1906 . - 140 p. . - (Extrait des Mémoires de la Société botanique de Lyon, tomes 31-32)

MAYEUR (J.-M.) . - **Les débuts de la IIIème République (1871-1898)** . - Paris : Ed. du Seuil, 1973 . - 256 p. . - (Points Histoire ; H110)

MAYNARD (L.) . - **Dictionnaire de lyonnaiseries** . - Lyon : chez l'auteur, 1932 . - 4 vol.

MAYNARD (L.) . - **Rues de Lyon** . - Lyon : Ed. Jean Honoré, 1980 . - 455 p.

MAYR (E.) . - **Histoire de la biologie** . - Paris : Fayard, 1989 . - 894 p., index

MEHU (A.) . - "Notice nécrologique sur Jules Fourreau, botaniste lyonnais" *in* **Bull. de la S.B.F.**, tome 21, 1872, pp. 41-50

MEYRAN (O.) . - "Notice biographique sur Joseph-Victor Viviand-Morel : botaniste lyonnais (1843-1915)" *in* **Bull. de la Société botanique de Lyon**, tome 39, 1914, pp. 169-185 . - (Portrait)

MEYRAN (O.) . - "Nisius Roux, botaniste lyonnais (1854-1923)" *in* **Annales de la Société botanique de Lyon**, tome 43, 1922, pp. 77-82

MONFALCON (J.-B.) . - **La révolte des canuts : histoire des insurrections de Lyon en 1831 et 1834** . - Toulouse : Eche, 1979 . - 334 p.

MONGLOND (A.) . - "Naissance d'un roman : des Annales de Loigny aux Caves du Vatican" *in* **Eventail de l'Histoire vivante, Hommage à Lucien Febvre** . - Paris : Ed. Armand Colin, 1953, pp. 429-452

MOULINS (Ch. des) . - 'Note additionnelle contenant la lettre adressée le 24 avril 1869 par A. Jordan à Ch. des Moulins" *in* **Actes de la Société linnéenne de Bordeaux**, tome 27, n°8, 1869

MOULINS (Ch. des) . - **Quelques réflexions sur la doctrine scientifique dite Darwinisme** . - Bordeaux : Desgréteaux, 1869 . - 16 p.

MULSANT (E.) . - "Notice sur Timeroy" *in* **Annales de la S.L.L.**, tome 5, 1858, pp. 3-8 . - (Portrait)

MULSANT (E.) . - "Notice sur Jules Fourreau" *in* **Annales de la S.L.L.**, tome 20, avril 1873, pp. 55-64

NAUDIN (Ch.) . - "Les espèces affines et la théorie de l'évolution" *in* **Bull. de la S.B.F.**, tome 21, 1874, pp. 240-273

"Nécrologie : Alexis Jordan" *in* **L'Echange, revue linnéenne**, n°147, mars 1897

NOAILLES (M.-Cl.) . - **L'évolution botanique** . - Paris : Ed. du Seuil, 1965 . - 191 p.

Nouvelle histoire de l'Eglise. Tome 5 : L'Eglise dans le monde moderne (1848 à nos jours) . - Paris : Ed. du Seuil, 1975 . - 920 p.

ORBIGNY (Ch. d') . - **Dictionnaire universel d'histoire naturelle** . - Paris : Bureau principal de l'éditeur (?), 1874 . - 14 vol., 340 pl.

OREL (V.) ; postface J.-R. Armogathe . - **Mendel (1882-1884) : un inconnu célèbre** . - Paris : Belin, 1984 . - 191 p. . - (Un savant, une époque)

OSTOYA (P.) . - **Les théories de l'évolution** . - Paris : Payot, 1951 . - 379 p. . - (Collection bibliothèque scientifique)

PARMENTIER (P.) . - "Du rôle de l'anatomie pour la distinction des espèces critiques ou litigieuses" *in* **Annales des sciences naturelles**, Section Botanique, 8ème série, tome 2, 1896, 36 p.

PAVLY (J. de) . - **Le Faux pape ou les éffrontés fin de siècle stigmatisés et livrés à l'indignation et au mépris des honnêtes gens** . - Marseille : Impr. méridionale, 1895 . - 32 p.

PELLEGRIN (F.) . - "Les aquarelles d'Alexis Jordan" *in* **Bull. de la S.B.F.**, tome 84, juin 1937, pp. 296-297

PELLETIER (A.) (sous la dir.) . - **Grande encyclopédie de Lyon et des communes du Rhône** . - Roanne : Ed. Horvath, 1980 . - 4 vol.

PERROT (M.) . - **Le mode de vie des familles bourgeoises : 1873-1953** . - Paris : Presses de la Fondation nationale des Sciences politiques, 1982 . - VII-299 p.

PIAGET (J. sous la dir.) . - **Logique et connaissance scientifique** . - Paris : Ed. Gallimard, 1967 . - 1345 p. . - (Bibliothèque de la Pléiade)

PIQUEMAL (J.) . - "Alexis Jordan et la notion d'espèce" *in* **Conférences du Palais de la Découverte**, 1964

PIQUEMAL (J.) . - "Alexis Jordan (Claude Thomas)" *in* **Dictionary of scientific biography**, New-York : Charles Scribener's Sons Publishers, 1970-78 . - vol. VII, pp. 165-167

PLANCHON (J.-E.) . - "Le morcellement de l'espèce en botanique" *in* **Revue des Deux-Mondes**, 15 septembre 1874, pp. 389-416

ROSEN . - Systematische und biologische Beobachtungen über Erophila verna" *in* **Bot. Zeitung**, 1889

ROSTAND (J.) . - **Hommes d'autrefois et d'aujourd'hui** . - Paris : Gallimard, 1966 . - 239 p.

ROUX (Cl.) . - "Liquidateur de l'herbier Jordan" *in* **Annales de la Société botanique de Lyon**, tome 29, n°34, compte rendu de la séance du 20 décembre 1904

ROUX (Cl.) . - **Les récentes applications du jordanisme à la notion de l'espèce et à l'agriculture** . - Lyon : A. Rey, 1909 . - 39 p. . - (Discours de réception à l'Académie des Sciences, Belles-Lettres et Arts de Lyon)

ROUX (Cl.) . - "Note sur l'herbier Jordan" *in* **Bulletin des Facultés catholiques de Lyon**, janvier-juin 1947, pp. 50-51

ROUX (Cl.), COLOMB (A.) . - **Catalogue des plantes nommées par Alexis Jordan avec un résumé sur sa vie, ses voyages...** . - Lyon : A. Rey, 1908 . - 82 p.

ROYER (L.) . - **Une société d'amitié au château de Vizille** . - Grenoble : Impr. Allier, 1935 . - 24 p. . - (Extrait de la Petite revue des bibliophiles dauphinois, 2ème série, tome IV, 2)

RUDE (F.) . - **La révolte des canuts (novembre 1831 - avril 1834)** . - Paris : F. Maspéro, 1982 . - 207 p. . - (Petite collection Maspéro Histoire ; 269)

SAINT-LAGER (Dr) . - "Le procès de la nomenclature botanique et zoologique" *in* **Annales de la S.L.L.**, tome 32, 1885, pp. 265-319

SAINT-LAGER (Dr) . - "Nécrologie : Notice sur Alexis Jordan" *in* **Annales de la Société botanique de Lyon**, tome 22, 1897, pp. 31-46, portrait

SAINT-PIERRE (Germain de) . - "L'évolution de l'espèce végétale étudiée dans ses manifestations à l'époque actuelle" *in* **Bull. de la S.B.F.**, juin-juillet 1876, pp. XXVI-XXXII

TAYLOR (R.) . - **L'évolution des espèces** . - Paris : Hatier, 1981 . - 77 p.

THURMANN (J.) . - "Essai de phytostatique appliqué à la chaîne du Jura et aux contrées voisines" *in* **Annales de la Société nationale d'agriculture de Lyon**, 2ème série, tome 1, mars 1849, pp. LXXII-LXXVII

TUCHLE (H.), BIHLMEYER (C.) . - **Histoire de l'Eglise**. Tome IV : L'Eglise contemporaine . - Mulhouse : Ed. Salvator, 1967 . - 462 p.

VINGTRIMER (E.) . - **La vie lyonnaise : Autrefois et aujourd'hui** . - Lyon : Bernoux & Cumin, 1898 . - 424 p.

VIVIAND-MOREL (V.-J.) . - "Rapport de la visite de la Société botanique de France aux cultures de Monsieur Alexis Jordan" *in* **Bull. de la S.B.F.**, tome 23, 1876, pp. 147-162

VIVIAND-MOREL (V.-J.) . - "Histoire abrégée des cultures expérimentales du jardin d'Alexis Jordan, botaniste lyonnais" *in* **Lyon-Horticole**, n°3, pp. 57-59 ; n°4, pp. 77-79 ; n°7, pp. 137-140 ; n°21, pp. 415-418, 1907

VRIES (H. de) . - die Mutationstheorie . - Leipzig : Veit & Cie, 1901-03 . - Espèces et variétés, leur naissance par leur mutation . Trad. L. Blaringhem, Alcan, 1909

XAE (J., abbé) . - **Compte rendu de la délivrance de Sa Sainteté Léon XIII emprisonné dans les cachots du Vatican, de Pâques 1892 à Pâques 1893** . - Saint-Malo : Y. Billois, 1893 . - 24 p. . - (Brochure)

ANNEXES

Annexe 1 : Plan du quartier des Terreaux, A.M.L. 2 S 163[a], plan du centre de Lyon, 1867, 1/2000ème

Annexe 2 : Arbre généalogique de la famille d'Alexis Jordan
(Aug. Jordan, 1983)

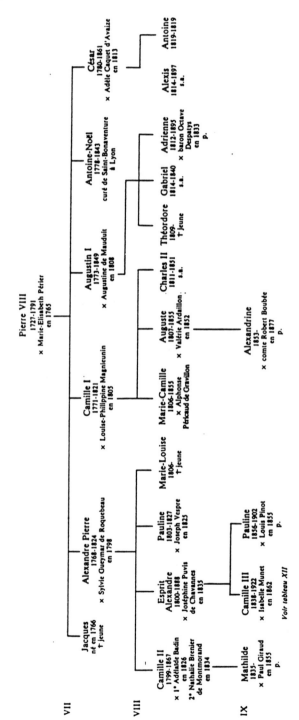

TABLEAU XI

Branche cadette

Annexe 3 : **Portrait** **d'Antoine-Noël** **Jordan** **(église** **Saint-Bonaventure,**
Lyon)

Annexe 4 : Grilles des niveaux de fortune établies par P. Léon (1974)

1ère période 1822-1845 :

0 franc à 1 000

1 001 francs à 5 000

5 001 francs à 10 000

10 001 francs à 20 000

20 001 francs à 50 000

50 001 francs à 100 000

100 001 francs à 250 000

250 001 francs à 500 000

500 001 francs à 1 million

Plus de 1 million de francs

2ème période 1869-1911 :

0 franc à 10 000

10 001 francs à 50 000

50 001 francs à 250 000

250 000 francs à 1 million

Au-dessus de 1 million de francs

Annexe 5 : Portraits d'Alexis Jordan

Annexe 6 : Lettre appartenant à la correspondance Paillot-Jordan déposée à la S.L.L.

Lyon, 31 juillet 1875

Mon cher Monsieur,

Je viens vous accuser réception de votre caisse de plantes, où j'espère trouver de bonnes choses, mais que je n'ai pas encore pu visiter. Je ferai tenir à la soc. bot. de Lyon le paquet qui lui est destiné.

Je vais donner à colorier un certain nombre de planches des Icones dont il ne me reste pas d'exemplaires disponibles.

Bientôt je pourrai vous faire l'envoi que vous désirez et je joindrai un fascicule des plantes critiques.

Recevez, cher Monsieur, la nouvelle assurance de mon bien sincère et affectueux dévouement.

Alexis Jordan

Annexe 7 : Liste des titres de l'inventaire après-décès d'Alexis Jordan

Obligations de la Société immobilère de la Rue Impériale :	35
Obligations au porteur Rhône et Loire :	18
Actions des Mines de la Loire :	224
Obligations des Mines de la Loire :	11
Actions des mines de la Roche-la-Molière et Firminy :	31
Actions Houillères de Saint-Etienne :	210
Actions houillères de Montrambert et de la Braudière :	78
Obligations de la Commission de Fourvière :	20
Actions Commentry-Fourchambault :	11
Actions Chemins de fer de Guillaume et Luxembourg :	20
Actions Librairie générale catholique et classique :	143

Actions dans les compagnies d'éclairage des villes de :

Albertville :	54
Angoulême :	5
Besançon :	30
Dôle :	6
Florence (Italie) :	68
Lyon :	50
Metz :	10
Nevers :	20
Rennes :	135
Saint-Etienne :	26
Toulon :	20

Total : 424

114

Annexe 8 : Cartes postales

5737. - *LYON.* - *Passerelle du Collège*

153 — Lyon - Le Pont Morand 1890 (longueur 242 mètres, largeur 20 mètres)
Le Coteau de Fourvière — B. F., PARIS

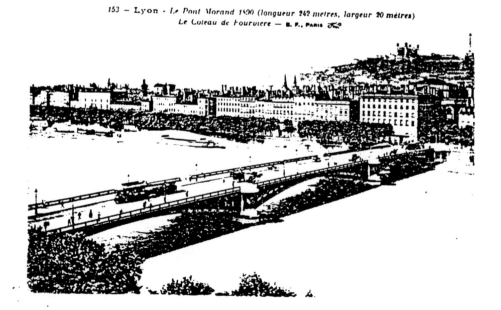

Annexe 9 : Portrait d'Ant. Foudras

ANTOINE – CASIMIR – MARGUERITE – EUGÉNE FOUDRAS,

NATURALISTE

Né à Lyon le 19 novembre 1781,
Mort dans la même ville le 13 avril 1859.

Imp et Lith Th Lépagnez, Lyon.

Annexe 10 : Portrait de M.-Ant. Timeroy

Lyon, Lith. Th. Lépagnez

117

Annexe 11 :   Enumération   des   voyages   botaniques   d'Alexis   Jordan
(Cl. Roux,   A. Colomb,   1908)

En 1836	Puy-de-Dôme, Basses-Pyrénées (Pau, Bayonne), Hautes-Pyrénées (Lourdes), Var (Sainte-Marguerite), Gers, Hérault (Cette).
En 1837	Aude (Narbonne, Sainte-Lucie), Bouches-du-Rhône (Tarascon, Aix), Haute-Garonne (Bagnères-de-Luchon), Hérault (Béziers), Hautes-Pyrénées (Gavarnie), Pyrénées-Orientales (Le Canigou, Perpignan), Vaucluse (Avignon).
En 1838	Basses-Alpes (Sisteron), Ariège (Foix), Bouches-du-Rhône (Marseille), Hérault (Agde, Béziers, Cette, Montpellier), Hautes-Pyrénées (Bagnères-de-Bigorre), Pyrénées-Orientales (Banyuls, Canigou, Collioures, Port-Vendres, Prades, Vernet-les-Bains), Var (Fréjus, Hyères, Toulon).
En 1839	Hautes-Alpes (Brinaçon, Guillestre, Le Lautaret), Isère (Bourg-d'Oisans, Grande-Chartreuse), Haute-Savoie (Brizon).
En 1840	Basses-Alpes (Barcelonnette, Castellane, Colmars, Digne, Col de l'Arche), Alpes-Maritimes (Antibes, Cannes, Nice), Corse, Gard (Nîmes, Pont-du-Gard), Var (Le Luc).
En 1841	Hautes-Alpes (Gap, Mont-Aurouze), Ardèche (Lachamp-Raphaël, Mont-Mézenc, Thuyets), Gard (Alais, Anduze, Broussan, Chartreuse-de-Valbonne, Jonquières, Lussan, Saint-Ambroix, Saint-Hippolyte, Saint-Nicolas, Uzès), Hérault (Ganges, Montpellier, La Séranne), Isère (Grenoble, Saint-Nizier), Loire (Mont-Pilat), Lozère, Vaucluse (Avignon, mont Ventoux).
En 1842	Ain (Belley, Nantua), Hautes-Alpes (Briançon, mont Genèvre, La Grâve, Le Lautaret), Isère (La Verpillière), Jura (La Dôle, Les Rousses), Loiret (Malesherbes), Haute-Savoie (Brizon, mont Cenis), Seine-et-Marne (Fontainebleau), Var (Hyères, Toulon), Italie (Piémont, Suze).
En 1843	Ain (mont Colombier), Alpes-Maritimes (Antibes, Cannes, Nice), Bouches-du-Rhône (Marseille), Drôme (Tain), Loire (mont Pilat), Var (Hyères, Toulon).
En 1844	Ain (Parves), Ardèche (Tournon), Isère (Grande-Chartreuse, Morestel), Loire (Pierre-sur-Haute), Var (Hyères).
En 1845	Basses-Alpes (Annot, Sisteron), Hautes-Alpes (Laragne, Rosans, Serres).
En 1846	Isère (Mont-de-Lans), Var (Toulon).
En 1847	Alsace (Strasbourg), Meurthe-et-Moselle (Liverdun, Nancy, Pont-à-Mousson), Vosges (mont Hohneck).
En 1848	Ain (Innimont, Ordonnaz, Rossillon, Tenay, Serrières-de-Biord).
En 1849	Ardèche (Thuyets), Gard (Jonquières, Nîmes, Saint-Nicolas), Isère (Grande-Chartreuse), Hautes-Pyrénées (Saint-Sauveur).
En 1850	Loire (environs de Saint-Etienne).
En 1851	Hautes-Alpes (Briançon, Gap, mont Séuze, La Grâve, Lautaret), Isère (Bourg-d'Oisans), Loire (mont Pilat).

En 1853	Hautes-Alpes (Boscodon, Embrun, Briançon, mont Genèvre, Guillestre, Villars-d'Arène).
En 1854	Isère (Crémieu), Bouches-du-Rhône (Marseille).
En 1855	Gard (L'Espérou).
En 1856	Hautes-Alpes (Malrif, Saint-Véran, mont Viso), Ardèche (Crussol), Drôme (Bourdeaux, Le Glandaz près Die).
En 1857	Bouches-du-Rhône (Aix), Vaucluse (Valréas).
En 1858	Basses-Alpes (Lure).
En 1859	Ain (Saint-Rambert-en-Bugey).
En 1862	Ain (Hauteville), Haute-Savoie (Saint-Gervais).
En 1863	Hautes-Alpes (Le Monestier).
En 1864	Hautes-Alpes (Névache).
De 1865 à 1874	?
En 1874	Haute-Savoie (Thonon, Evian).
En 1877	Ain (Serrières-de-Briord).

Annexe 12 : Plan de la Cité-Lafayette, A.M.L. 2 S 106, plan de
Villeurbanne, 1922, 1/5000ème

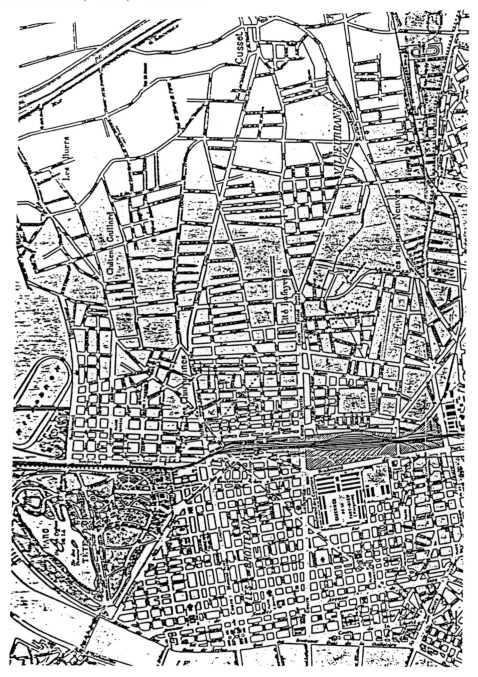

Annexe 13 : Portrait de J. Fourreau

FOURREAU (Jules Pierre)

Né le 25 Août 1844

Mort le 16 Janvier 1871.

Annexe 14 : Portrait de J. -V. Viviand-Morel

J.-V. VIVIAND-MOREL

1843-1915

Annexe 15 : Liste des sociétés savantes & académies dont fait partie Alexis Jordan

1845   S.L.L.

1847   Société d'Agriculture de Lyon

1850   Société lyonnaise de flore (devenue la Société des horticulteurs lyonnais en 1850)

1850   Académie des Sciences, Belles-Lettres et Arts de Lyon

1854   S.B.F.

1871   A.F.A.S.

1872   Société botanique de Lyon

Société royale de Botanique de Belgique

Société des Sciences naturelles de Cherbourg

Société botanique de Ratisbonne

Société impériale des Naturalistes de Moscou

(années d'adhésion inconnues)

Alexis Jordan a dû appartenir à un nombre bien supérieur de sociétés savantes...

Annexe 16 : "Avis aux botanistes"

HERBIER ALEXIS JORDAN

———————•⚹•

AVIS AUX BOTANISTES

M. Roux, docteur ès sciences, professeur de botanique à la Faculté libre des Sciences, 25, rue du Plat, à Lyon, a l'avantage d'informer les Botanistes que les nombreuses plantes existant en « doubles », dans l'**Herbier Alexis Jordan**, sont mises à leur disposition, moyennant une rétribution ainsi fixée :

30 francs le cent pour les parts d'espèces *jordaniennes ;*

20 francs le cent pour les lots d'espèces *non* jordaniennes. *y compris les spécimens provenant du jardin d'expériences* d'Al. Jordan :

15 francs le cent pour les lots d'espèces non jordaniennes et sans spécimens provenant du jardin Jordan.

Dans les lots ainsi distribués aux Botanistes, les déterminations, indications ou annotations des étiquettes, seront *rigoureusement respectées telles qu'on les a trouvées dans l'Herbier du Maître ;* d'ailleurs. l'étiquette, accompagnant chaque espèce, sera presque toujours l'étiquette originale de l'Herbier.

Les envois se feront à partir de fin janvier 1904 et se suivront aussi régulièrement que possible, la seconde quinzaine de chaque mois, jusqu'à épuisement des plantes de chaque lot.

Les espèces y seront classées non par familles, mais par *genres*, rangés eux-mêmes par ordre alphabétique, et dans chaque genre les espèces seront disposées également par ordre alphabétique.

Les envois d'argent seront effectués par mandats-poste adressés à M. CHATARD. 25, rue du Plat, à Lyon.

Enfin. un Catalogue analytique détaillé de l'œuvre colossale d'Alexis Jordan (son Herbier comprenait environ 400.000 plantes. et des milliers d'espèces étaient cultivées depuis un demi-siècle dans son jardin d'expériences de la Cité). sera dressé et probablement imprimé fin 1904 ou début 1905 : prière aux Botanistes, même non souscripteurs des lots extraits de l'Herbier, qui désireraient s'assurer un exemplaire de ce travail, de vouloir bien en prévenir M. C. Roux, qui répondra également à toute demande de renseignements.

Lyon, Novembre 1903.

Lyon. Imp. F. Ville.

Annexe 17 : Liste chronologique des travaux d'Alexis Jordan (Cl. Roux, 1909)

1846	"Observations sur plusieurs plantes nouvelles, rares ou critiques de la France", *1er fragment*, mai 1846, 45 pages, avec 5 planches hors texte.
1846	"Observations...", *2e fragment*, juillet 1846, 39 p., avec 2 pl. h.t.
1846	"Observations...", *3e fragment*, septembre 1846, 254 p., avec 12 pl. h.t.
1846	"Observations...", *4e fragment*, novembre 1846, 37 p., avec 2 pl. h.t.

Ces quatre fragments sont réunis dans le volume : *Annales de la Société Linnéenne de Lyon*, années 1845-46, Lyon, Dumoulin et Ronet, imprimeurs, 1847 ; mais ils ont été tirés à part, isolément, à leurs dates respectives.

1847	"Observations...", *5e fragment*, février 1847, 77 p., avec 5 pl. h.t.
1847	"Observations...", *6e fragment*, avril 1847, 88 p., avec 2 pl. h.t.

Ces deux fragments sont insérés dans le volume : *Annales de la Société Linnéenne de Lyon*, années 1847-49, Lyon, Dumoulin et Ronet, imprimeurs ; mais ils ont été tirés à part, isolément, à leurs dates respectives.

1848	"Adnotationes ab Alexi Jordan digestae". Diagnoses de 40 espèces nouvelles ou critiques, in *Catalogue des graines récoltées au Jardin de la ville de Dijon, en 1848, offertes en échange*, p. 18-32, Dijon, Douillier, 1848, et tir. à part, in-8°, 15 pages.
1849	"Observations...", *7e fragment*, décembre 1849, 44 pages, in volume : *Annales de la Société Linnéenne de Lyon*, années 1847-1849, Lyon, Dumoulin et Ronet, imprimeurs, 1850, et tirage à part.
1849	"Adnotationes ab Alexi Jordan digestae", 11 pages, in *Catalogue des graines récoltées en 1849 au Jardin botanique de la ville de Grenoble offertes en échange*, Grenoble, Allier, imprimeur, 1849, et tirage à part.
1849	"Notes sur deux plantes nouvelles : *Lathyrus pyrenaicus* et *Tragopogon australis*" (*Annales de la Soc. d'Agriculture de Lyon*, 2e série, t. I, 1849, et tir. à part, 4 pages).
1850	"Adnotationes ab Alexi Jordan digestae" (*Centaurea Mierghii, Ptychotis Timbali*), 1 page, in *Catalogue des graines du Jardin botanique de Grenoble*, Allier, 1850.
1850	"Description de l'*Erodium commixtum*", 2 pages.
1850	"Description des *Thlaspi vogesiacum, ambiguum* et *arenarium*", 6 pages.
1850	"Note sur *Ranunculus Grenierianus, Oxalis Navieri, Medicago*, etc.", 22 pages.

Ces trois notices sont insérées in Schultz : *Archives de la Flore de France et d'Allemagne, herbier publié par* C. Billot, Hagueneau, 1850.

1850	"Rapport sur l'essai de phytostatique appliquée à la chaîne du Jura et aux contrées voisines, par M. Thurmann" (*Ann. de la Soc. d'Agric. de Lyon*, 2e s., t. III, 1850, et tir. à part, 24 pages).
1851	"Description de l'*Euphrasia divergens*", 1 page, in Schultz, *Archives de la Flore de France et d'Allemagne*, Hagueneau, 1851.

1851	"Adnotationes ab Alexi Jordan digestae" (*Onobrychis Tomasinii, Typha Martini*), 1 page, in *Catalogue des graines du Jardin botanique de Grenoble*, Allier, 1851.
1852	"Pugillus plantarum novarum praesertim gallicarum" (*Mémoires de l'Académie de Lyon*, classe des sciences, t. 1, 1852, et tir. à part, 148 pages).
1853	"Adnotationes ab Alexi Jordan digestae" (*Melilotus virescens, Knautia subcanescens* et *carpophylax, Stachys delphinensis*), 2 pages, in *Catalogue des graines du Jardin botanique de Grenoble*, Maisonville, imprimeur, 1853.
1853	"De l'origine des diverses variétés ou espèces d'arbres fruitiers et autres végétaux généralement cultivés pour les besoins de l'homme" (*Mémoires de l'Académie de Lyon*, classe des sciences, t. II, 1853, et tir. à part, 97 pages).
1854	Description d'une espèce nouvelle, in Gussone : *Enumeratio plantarum insulae Inarimensis (Ischia)*, Neapoli, 1854.
1854	"Notice sur deux plantes nouvelles : *Seeli brevicaule, Saussurea leucantha*", in Schultz : *Archives de la Flore de France et d'Allemagne*, Hagueneau, 1854.
1855	"Notice sur plusieurs plantes nouvelles et autres : *Clematis crenata, Galeopsis praecox, Euphorbia, Tulipa*, etc.", 22 pages, in Billot, *Annotations à la Flore de France et d'Allemagne*, Hagueneau, 1855.
1855	Diagnoses d'espèces nouvelles, in Grenier et Godron, *Flore de France*, 3 vol., t. I, 1848, t. II, 1850, t. III, 1855.
	"Notice sur plusieurs plantes nouvelles et autres : *Hypericum lineolatum, microphyllum, Lithospermum permixtum, Agrostis Schleicheri*", 8 pages, in Billot, *Annotations...*, Hagueneau, 1855.
1856	"Notice sur plusieurs plantes nouvelles et autres : *Dianthus orophilus*, etc.", 8 pages, in Billot, *Annotations...*, Hagueneau, 1856.
1856	"Mémoire sur l'*Aegilops triticoides* et sur les questions d'hybridité et de variabilité spécifique, qui se rattachent à l'histoire de cette plante" (*Annales des Sciences naturelles, Botanique*, 4e série, t. IV, 1856, et tir. à part, 67 pages).
	Ce mémoire a été réimprimé à Lyon, la même année, aux frais de l'auteur.
1857	Diagnoses de nombreuses espèces nouvelles, in A. Boreau, *Flore du centre de la France et du bassin de la Loire*, 3e édition, 2 vol. in-8°, Paris, Roret, 1857.
1857	"Nouveau mémoire sur la question relative aux *Aegilops triticoides* et *spelteformis*" (*Ann. de la Soc. Linnéenne de Lyon*, nouv. série, t. IV, 1857, avec une planche hors texte, et tir. à part, 82 pages).
1858	"Description de quelques Tulipes nouvelles" (*Ann. de la Soc. Linnéenne de Lyon*, t. V, 1858, et tir. à part, 8 pages).
1858	"Description de quelques espèces : *Erysimum, Hieracium, Galeopsis, Iberis*, in Billot, *Annotations...*, Hagueneau, 1858.
1859	"Description de *Lavandula delphinensis*", 1 page.
1859	"Sur le *Brassica erucastrum* de Linné", 5 pages. Ces deux notices sont insérées in Billot, *Annotations...*, Hagueneau, 1859.
1860	"Notice sur diverses espèces négligées du genre *Asphodelus* comprises dans le type de l'*Asphodelus ramosus* de Linné" (*Bull. de la Soc. Bot. de France*, t. VII, 1860, et tir. à part, 20 pages).

1860	"Quelques mots sur le *Geranium purpureum* Vill., suivis de la description de deux plantes nouvelles des environs de Grenoble" (*Bull. de la Soc. Bot. de France*, t. VII, 1860, et tir. à part, 4 pages).
1860	"Diagnoses d'espèces nouvelles ou méconnues, etc.", *1ère partie* (*Ann. de la Soc. Linnéenne de Lyon*, nouv. série, t. VII, 1860, et tir. à part) (v. ci-après).
1861	"Note sur le *Bromus maximus* Desf. et sur d'autres espèces voisines", in Billot, *Annotations...*, Hagueneau, 1861, et tir. à part, 5 pages.
1864	"Diagnoses d'espèces nouvelles ou méconnues, pour servir de matériaux à une flore réformée de la France et des contrées voisines", *2e partie* (*Ann. de la Soc. Linnéenne de Lyon*, nouv. série, t. XI, 1864). Les deux parties réunies ont été tirées à part en un volume in-8° de 355 pages, 1864.
1865	"Notice sur une nouvelle espèce pyrénéenne du genre *Silene*" (*Ann. de la Soc. Linnéenne de Lyon*, nouv. série, t. XII, 1865 ; et tir. à part, 2 pages).
1866-68	"Breviarium plantarum novarum sive specierum in horto plerumque cultura recognitarum descriptio contracta ulterius amplianda auctoribus Alexi Jordan et Julio Fourreau", *Fasciculus I*, 62 pages, 1866. *Fasciculus II*, 137 pages, 1868, Parisiis, F. Savy, bibliophila.
1866-68	"Icones ad Floram Europae novo fundamento instaurandam spectantes auctoribus Alexi Jordan et Julio Fourreau", *Tomus I*, 1866-1868 ; 71 pages, *tab.* I à CC, Parisiis, F. Savy.
1869	Lettre sur l'espèce, adressée par A. Jordan à Ch. Des Moulins, le 24 avril 1869, et publiée par ce dernier le 30 du même mois dans sa *Note additionnelle*, 7 pages, Bordeaux, Lafargue, imprimeur, 1869.
1869-70	"Icones ad Floram Europae..." T. II (1ère partie, p. 1-24), et *tab.* CCI-CCLXXX, Parisiis, F. Savy
1873	"Remarques sur le fait de l'existence en société, à l'état sauvage, des espèces végétales affines, et sur d'autres faits relatifs à la question de l'espèce" (*in* Compte rendu du Congrès de l'Association française pour l'avancement des Sciences, 2e session, Lyon, 1873, et tir. à part, 23 pages).
1903	"Icones ad Floram Europae..." T. II (2e partie, p. 25-52), et *tab.* CCLXXXI-CCCLIV, CCCXXXV *bis*, CCCXXXVII *bis*, Parisiis, F. Savy.
1903	"Icones ad Floram Europae..." T. III, 52 p., et *tab.* CCCLV-D. Parisiis, G. Masson, 1903.

N.-B. - Ces deux derniers tomes des *Icones* ont été publiés par les soins de M. Camille Jordan, cousin et héritier d'Alexis Jordan.

Annexe 18 : Planche de l'Aegilops triticoïdes

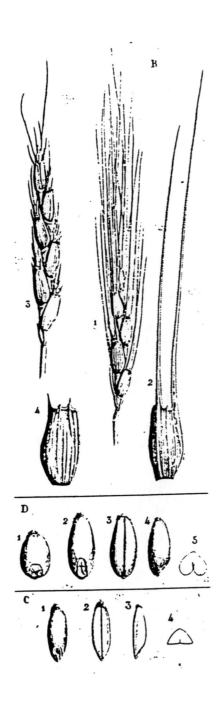

128

Annexe 19 : Planche de l'Aegilops ovata

3225
*Ægilops
ovata*

J. Poinsot, dir.

Flore complète de France, Suisse et Belgique, par GASTON BONNIER.

Annexe 20 : Planche d'Erophila Jord. (Icones, vol. 1, tab. III)

Tab. II.

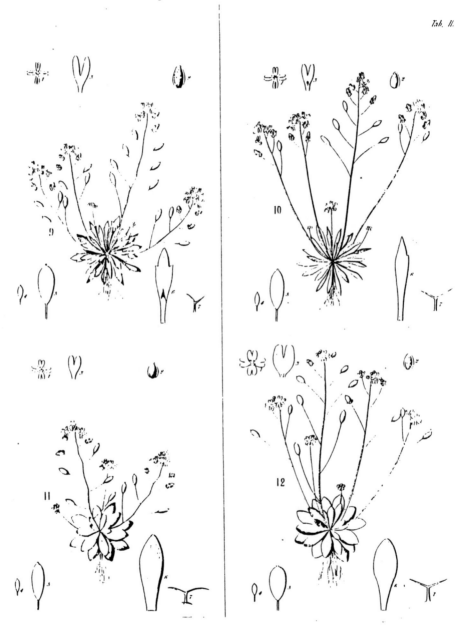

9. Erophila dentata. JORD.   10. E. leptophylla. JORD.   11. E. cinerea. JORD.

12. E. pyrenaica. JORD.

Annexe 21 : Planche d'Aegilops speltaeformis

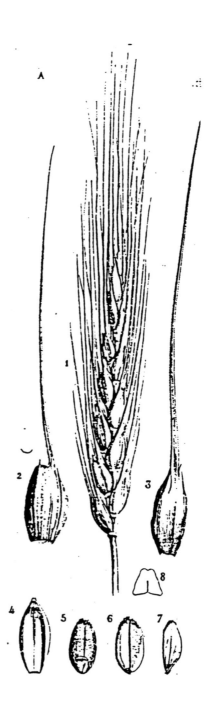

Annexe 22 : Planche de Viola (Annales de la S.L.L., 1845-46)

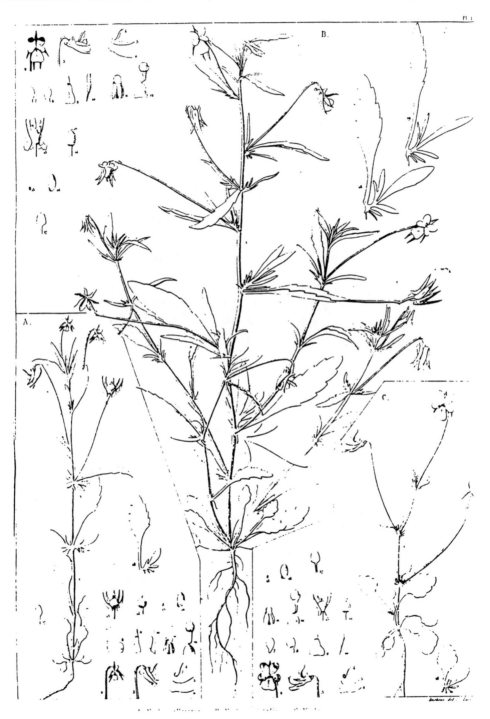

Annexe 23 : Planche de Sempervivum dicranocladon Jord. et Fourr. (Icones, vol. 1, tab. CXLVII)

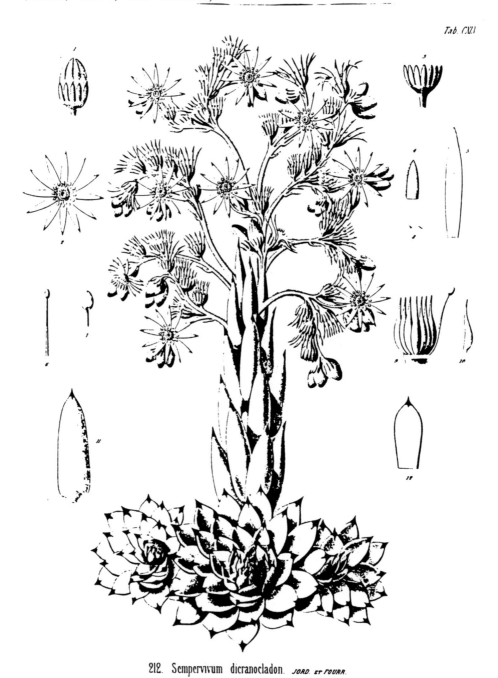

Tab. CXLI

212. Sempervivum dicranocladon. *JORD. ET FOURR.*

Annexe 24 : **Planche** **de** **Hieracium**

H . GLABRATUM. HOPP. ♃

Annexe 25 : Lettre appartenant à la correspondance Paillot-Jordan déposée à la S.L.L.

Lyon, 26 décembre 1864

Monsieur,

J'ai reçu votre lettre ainsi que l'envoi qu'elle m'annonce. J'ai le regret de vous dire que, en ce moment, malgré tout mon désir de vous être utile, il ne n'est matériellement pas possible de déterminer toutes vos plantes critiques. Je n'ai pas encore ouvert le paquet, mais je suppose, d'après ce que vous m'en dîtes, qu'il contient ce que m'avait déjà envoyé Monsieur Billot ou des choses analogues qu'on ne peut pas déterminer à première vue. Il faudrait du temps que l'on n'a pas pour des comparaisons minutieuses, ainsi que des données, des renseignements indispensables dont on est privé.

Mon herbier, qui est immense est tout enfermé dans des sacs et comme tout n'est pas réuni, il faut ordinairement ouvrir plusieurs paquets, pour déterminer rigoureusement une seule plante ; c'est donc impraticable. Je puis bien voir, à peu près, si une plante que l'on m'envoie se rapporte ou non à l'une des espèces que j'ai décrites, mais de cette première impression à une détermination rigoureuse, il y a loin. Ces déterminations approximatives n'ont pas une grande utilité, quand il s'agit d'une publication d'exsiccata qui doivent servir de types ; elles peuvent même devenir compromettantes. J'avais prié M. Billot d'engager ces correspondants à ne pas récolter de plantes critiques pour ses centuries, avant de les avoir déterminées ou fait déterminer. Si l'on m'envoie un brin frutifié d'une plante, où se trouve de la graine mûre, bonne à semer, on me fournit des matériaux pour mes études. J'arrive sans perte de temps à un résultat positif. Soit qu'il s'agisse d'une plante nouvelle ou de toute autre, soit qu'elle doit être nommée et décrite par moi ou qu'un autre prenne ce soin, je sais toujours parfaitement à quoi m'en tenir au sujet de cette plante, et je ne me suis pas créé de tablature sans profit pour la science ni pour personne.

Je ferai mon possible pour vous procurer le complément des espèces fournies par moi à M. Billot, que vous me citez et que je ne puis pas vous adresser immédiatement.

Le Lithospermum incrassatum n°3437 est exactement ce que j'ai décrit dans les Annotations.

Billot sous le nom de L. Lithospermum permixtum J. et qui n'est certainement pas l'espèce de G...

Pour l'Helianthemum grandiflorum, je crois que ce que vous avez de mieux à faire, c'est de laisser ce nom à votre plante, jusqu'à ce que le dilemme des Helianthemum soit débrouillé.

Veuillez, Monsieur, agréer l'assurance de ma haute estime et de mes sentiments les plus dévoués.

Alexis Jordan

Collection SCIENCE - HISTOIRE - PHILOSOPHIE

Darwin, Marx, Engels, Lyssenko et les autres par Régis LADOUS
un volume 16,5 x 24,5 - 1984 - 148 pages - 78 F

Des Sciences de la Nature aux Sciences de l'Homme
par Jacques GADILLE et Régis LADOUS
un volume 16,5 x 24,5 - 1984 - 295 pages - 137 F

Museologica. Contradictions et logique du Musée par Bernard DELOCHE
un volume 16,5 x 24,5 - 1985 - 202 pages - épuisé

Cause, Loi, Hasard en Biologie par Michel DELSOL
un volume 16,5 x 24,5 - 1985 - 256 pages - 141 F

L'intuition ontologique et l'introduction à la Métaphysique
par Roger PAYOT
un volume 16,5 x 24,5 - 1986 - 163 pages - 120 F

Le réductionnisme en question. Actes du Colloque organisé à Lyon
les 14 et 15 Mai 1986 par l'I.I.E.E.
un volume 16,5 x 24,5 - 1987 - 174 pages - 99 F

Philosophie moléculaire. Monod, Wyman, Changeux par Claude DEBRU
un volume 16,5 x 24,5 - 1987 - 244 pages - 135 F

Principes classiques d'interprétation de la Nature par Jean LARGEAULT
un volume 16,5 x 24,5 - 1988 - 435 pages - 198 F

Théories et Histoire en Biologie par Hervé LE GUYADER
un volume 16,5 x 24, 5 - 1988 - 260 pages - 147 F

Spinoza, Science et Religion. Actes du Colloque du Centre International de Cerizy-la-Salle. 20-27 septembre 1982
un volume 16,5 x 24,5 - 1988 - 220 pages - 177 F

L'oeuvre mathématique de G.Desargues, second tirage
avec une post-face inédite de René TATON
un volume 16,5 x 24,5 - 1988 - 244 pages - 180 F

La Vie - Séminaire du département de Philosophie de l'Université Paul
Valéry. Montpellier. 28-29 octobre 1988
un volume 16,5 x 24,5 - 1989 - 128 pages - 120 F

La Liaison chimique : le concept et son histoire par Bernard VIDAL
un volume 16,5 x 24,5 - 1989 - 292 pages - 240 F

Les Causes de la Mort. Histoire naturelle et facteurs de risques
par Anne FAGOT-LARGEAULT
un volume 16,5 x 24,5 - 1989 - 438 pages - 250 F

Christianisme et Science. Etudes réunies par l'Association Française d'Histoire Religieuse Contemporaine
un volume 16,5 x 24,5 - 1989 - 234 pages - 177 F

Arthur Koestler. De la désillusion tragique au rêve d'une nouvelle synthèse par Roland QUILLIOT
un volume 16,5 x 24,5 - 1990 - 218 pages - 160 F

Science et Sens. Actes d'un colloque organisé par Jacques ARSAC et Philippe SENTIS
un volume 16,5 x 24,5 - 1990 - 162 pages - 140 F

Karl Popper. Science et Philosophie. Colloque sous la direction de Renée BOUVERESSE et Hervé BARREAU
un volume 16, 5 x 24,5 - 1991 - 366 pages - 240 F

L'évolution biologique en vingt propositions par Michel DELSOL
un volume 16,5 x 24,5 - 1991 - 860 pages - 321 F

Le Hasard et l'Anti-Hasard par Hubert SAGET
un volume 16,5 x 24,5 - 1991 - 188 pages - 162 F

Cette collection veut être l'expression de l'Institut Interdisciplinaire d'Etudes Epistémologiques qui réunit un groupe de naturalistes, historiens, philosophes et théologiens :

Henri-Paul CUNNINGHAM
Ph. D. (philosophie des sciences)
professeur à l'Université Laval. Québec

Michel DELSOL
Docteur-ès-sciences (biologie), docteur en philosophie
directeur à l'Ecole Pratique des Hautes Etudes
professeur à la Faculté catholique des sciences de Lyon

Janine FLATIN
docteur de l'Université Lyon I
Ecole Pratique des Hautes Etudes

Jacques GADILLE
docteur-ès-lettres (histoire)
professeur à l'Université Lyon III

Madeleine GUEYDAN
docteur en sciences naturelles (biologie)
chercheur Faculté catholique des sciences de Lyon

Thomas de KONINCK
Ph. D. (anthropologie philosophique), M.A. Oxon.
professeur à l'Université Laval. Québec

Régis LADOUS
docteur-ès-lettres (histoire)
professeur à l'Université Lyon III

Goulven LAURENT
docteur-ès-lettres (histoire des sciences), licencié en théologie
directeur de l'Institut Lettres-Histoire
de l'Université catholique de l'Ouest. Angers

James E. MOSIMANN
Ph.D. (Zoology). University of Michigan
M.Sc. (Statistics). The Johns Hopkins University
Chief Laboratory of Statistical and Mathematical Methodology
National Institutes of Health. Bethesda. Maryland

René MOUTERDE
docteur-ès-sciences (géologie), licencié en théologie
directeur de recherches au C.N.R.S.
doyen émérite de la Faculté catholique des sciences de Lyon

Roger PAYOT
agrégé de philosophie, docteur-ès-lettres
professeur en classes préparatoires. Lyon

Christiane RUGET
docteur-ès-sciences (micropaléontologie)
chargée de recherches au C.N.R.S.

Philippe SENTIS
docteur-ès-sciences (mathématiques), docteur-ès-lettres (philosophie)
sous-directeur de laboratoire au Collège de France

Les membres de l'Institut Interdisciplinaire d'Etudes Epistémologiques veulent :
- défendre une rationalité enracinée dans le passé et, en même temps, ouverte et évolutive
- pratiquer une interdisciplinarité véritable, lieu fécond de relations indispensables entre des disciplines complémentaires
- affirmer l'existence d'un certain nombre de valeurs permanentes et vivantes.
Ils pensent qu'une vérité scientifique existe objectivement et qu'elle peut être approchée par des procédures de vérification toujours renouvelables et contrôlables. Ils combattent tous les dérapages idéologiques, les extrapolations et analogies abusives, les réductionnismes simplistes, la confusion des domaines.

*   *   *

Outre les travaux qui tentent de refléter cet état d'esprit, ils acceptent de publier dans leur collection des ouvrages très divers et d'orientations différentes pourvu que ceux-ci permettent un débat libre et sans préjugé.

Collection SCIENCE - HISTOIRE - PHILOSOPHIE

Directeurs : Professeur Michel DELSOL, laboratoire de Biologie
générale
25 rue du Plat, 69288 LYON cedex 02 - tél : 72 32 50 32

Régis LADOUS, professeur à l'Université Lyon III

Roger PAYOT, professeur en classes préparatoires

Secrétaire de rédaction : Janine FLATIN, Biologie générale
25 rue du Plat, 69288 LYON cedex 02 - tél : 72 32 50 32

L'impression de cet ouvrage a été réalisée par les soins de l'Institut
Interdisciplinaire d'Etudes Epistémologiques (association 3 A), 25 rue du
Plat, 69288 LYON cedex 02. Sa diffusion est assurée par la Librairie
Philosophique VRIN, 6 place de La Sorbonne, 75005 PARIS.

Imprimerie spéciale I.I.E.E.

Dépôt légal : Juillet 1992